CLAVES ESENCIALES DEL ÉXITO COMERCIAL B2B EN TIEMPOS DIGITALES

¿Gastas suelas o megas?

Andoni Rodríguez de Galarza

Claves esenciales del éxito comercial B2B en tiempos digitales. ¿Gastas suelas o megas?

© Andoni Rodríguez de Galarza, 2020

Reservados todos los derechos. Esta publicación no puede ser reproducida, ni en todo, ni en parte, ni registrada en o trasmitida por un sistema de recuperación de información, de ninguna forma ni por ningún medio, sea mecánico, fotoquímico, electrónico, magnético o por fotocopia, o cualquier otro sin el permiso previo por escrito de los titulares del copyright.

ÍNDICE

Los tres grandes cambios. 9
   1. De la venta por precio a la venta por valor................10
   2. De lo analógico a lo digital. 10
   3. De trabajar por dinero a trabajar por/con pasión 12
Focalizando: clave 1. ....**18**
   Ideas en acción para focalizar:.......................................23
Identificando talentos y habilidades: clave 2 ....**24**
   Ideas en acción para identificar talentos y habilidades: ...29
Combinando vidas: clave 3 ....**30**
   Ideas en acción para combinar vidas:.............................38
Creando y comercializando: clave 4 ....**39**
   Ideas en acción para crear y comercializar: 44
Conectando productos con clientes: clave 5 ....**45**
   Ideas en acción sobre conectar productos con clientes: ...49
Ejecutando estrategias: clave 6 ....**51**
   Ideas en acción para ejecutar estrategias:......................58
Diversificando: clave 7 ....**59**
   Ideas en acción sobre diversificar:..................................64
Diseñando un plan: clave 8 ....**65**
   Ideas en acción sobre diseñar un plan: 70

Potenciando tu marca: clave 9 71
   Ideas en acción para potenciar tu marca: 78

Jugando en equipo: clave 10 80
   Ideas en acción para jugar en equipo: 88

Ganando perspectiva: clave 11 89
   Ideas en acción para ganar perspectiva: 94

Afrontando miedos: clave 12 96
   Ideas en acción para afrontar miedos: 101

Trabajando la actitud: clave 13 102
   Ideas en acción para trabajar la actitud: 107

Digitalízate tú y a tus clientes: clave 14 108
   Ideas en acción para digitalizarte tú y a tus clientes: 114

Ofreciendo valor y apostando por un método: clave 15 115
   Las cinco partes del proceso comercial 120
   Ideas en acción para ofrecer valor y apostar por un método: 131

Conclusiones 132

Herramientas y técnicas de venta 134
   Herramientas: 134
   Técnicas: 134
   Frases de ventas, 50 de las mejores 135

Epílogo (sistema Andoni) 140

Agradecimientos 142

CLAVES ESENCIALES DEL ÉXITO COMERCIAL B2B EN TIEMPOS DIGITALES

¿Gastas suelas o megas?

Andoni Rodríguez de Galarza

LOS TRES GRANDES CAMBIOS.

En cualquier actividad humana es muy importante conocer las "reglas del juego" y cómo es el tablero en el que te tienes que mover. Por eso, antes de desvelarte las claves que te permitirán mejorar exponencialmente tus resultados profesionales, empresariales y comerciales, permíteme que te sitúe.

Lo más importante que debes saber, aunque probablemente ya te has dado cuenta, es que el mercado ha cambiado más en los últimos cinco años que en los cincuenta anteriores. Ha cambiado todo: la manera de interactuar con el mercado, la forma de vender, comprar y negociar, la mentalidad del consumidor, la forma de aproximarse y comunicarse con los clientes… Todo.

Nosotros, los que estamos ahora en activo, somos lo que denomino "la generación del medio" o, de forma más coloquial, "la generación de la putada", porque nos han tocado tres de los cambios más importantes que se han producido en los últimos años en el mercado. ¿No podían haber dejado algo para generaciones venideras? En concreto, se han producido tres grandes cambios a los cuales todo comercial profesional y organización debe adaptarse, en el menor tiempo posible. Y las claves que leeremos a continuación son las herramientas que te permitirán adaptarte. Si eres un directivo o profesional no comercial, no caigas en la trampa de pensar "esto no va conmigo", la venta lo es todo, tener éxito o no profesional depende en gran parte de tu capacidad de venta, vender es facturar y facturar, es crecer, si no creces mueres.

1. De la venta por precio a la venta por valor.

En el último gran cambio estructural, al que algunos llamaron crisis, las organizaciones y empresas tuvieron que bajar los precios hasta límites insospechados para poder sobrevivir. Así, el mercado ha interiorizado claramente cuál es el precio mínimo que puede pagar por cualquier producto o servicio. En la actualidad incrementar los precios no es una tarea fácil, pues el precio ha pasado de ser un valor a ser una *commodity*. Todo se vende a su precio mínimo. Hemos pasado de la venta por precio a la venta por valor.

¿Cómo nos afecta este cambio? Debemos trabajar la cadena de valor de los productos y servicios que comercializamos, transformando el valor añadido en valor diferencial. Más adelante veremos cómo hacerlo.

Todos nosotros, nuestro servicio, producto, organización tiene valor añadido, pero si ese valor no te diferencia de los demás no sirve para nada. No te apalanques en tu valor añadido. Construye un valor diferencial compuesto del máximo valor añadido.

2. De lo analógico a lo digital.

Se ha hablado ya mucho de la transformación digital, así que doy por hecho que sabes a qué me refiero. Cuando se habla de digitalización hay que diferenciar los tres ámbitos en los cuales la digitalización nos afecta:

a) El modo de conectar con las personas. Las redes sociales, tanto las de carácter más personal (Facebook, Instagram, etc.) como las más profesionales (Linkedin, Twitter), nos permiten darnos a conocer de una forma infinitamente más eficiente que antes, cuando el contacto inicial debía ser presencial o telefónico.

b) Muchos procesos se han automatizado, la digitalización ha venido para quitar el trabajo duro a las personas, gracias a los CRM's, plataformas web y apps (PWA). Cualquier persona puede usarlas para comprar un billete de avión, hacer una transferencia o pedidos a su proveedor habitual, etc.

c) Los *marketplaces*, en especial Amazon, han cambiado radicalmente la forma de comprar en B2C (*business to consumer*): se puede comprar casi cualquier cosa desde cualquier sitio con un par de clics.

Esta digitalización nos afecta absolutamente a todos los que consumimos algún tipo de producto/servicio. Aunque, eso sí, cada generación reacciona de una manera diferente. Lo verás con un ejemplo muy gráfico que suelo poner en mis conferencias. Si mi padre compra un billete de avión, ¿lo imprime? Sí, dos veces, por si acaso. Si lo compra mi hija Andrea, que tiene 17 años, ¿lo imprime? No, lo lleva en el móvil. Y si lo compro yo, que soy "la generación del medio", ¿qué hago? Lo llevo en el móvil, porque ya estoy medio digitalizado... pero también lo imprimo, ¡por si acaso! La diferencia es que nuestra generación se esta digitalizando, mientras que la de nuestros hijos ya es nativa digital.

La digitalización no es una opción. Digitalízate o muere. En el mundo solo existirán los que se han digitalizado y los que se están digitalizando. No puedes obviar o pasar de la digitalización. Como ejemplo, cuando Henry Ford pone el coche al alcance de la sociedad, ese momento también fue una revolución, puesto que en aquel momento todo el mundo iba a caballo o en carruajes. Hay herreros que se cagan en las muelas de Henry Ford, porque les deja sin trabajo. Y hay otros herreros que se van a Henry Ford y le dicen: "Yo te voy a hacer las ruedas". Hay personas que ven en la digitalización una imposibilidad y un problema, y otras que ven una oportunidad.

3. De trabajar por dinero a trabajar por/con pasión

Este es el tercer gran cambio del mercado. La generación "del medio" somos la última que trabaja por dinero. Nuestros abuelos, que venían de la guerra y la postguerra (en mi caso vivieron como refugiados en Inglaterra), trabajaban por pura supervivencia. El trabajo no se mezclaba con la pasión o con las aficiones, a las que se dedicaban en su escaso tiempo libre. Ellos educaron a nuestros padres para encontrar un trabajo que les diera seguridad. Importaba muy poco o nada si les gustaba. La prioridad era tener un trabajo estable, a poder ser uno en el que llegaran a jubilarse. Nuestros padres nos educaron con una filosofía parecida: estudia y consigue un buen trabajo que te dé dinero y, sobre todo, seguridad. Recuerdo perfectamente el momento en que mi hermana mayor, Nekane Rodríguez de Galarza, brillante estudiante, terminó lo que entonces era el COU, siglas de Curso de Orientación Universitaria. Ella quería estudiar Psicología, pero mi padre la "orientó" (por decirlo de forma diplomática) hacia el Derecho, que según él tenía más "salidas". Mi hermana fracasó y mi padre "accedió" finalmente a que estudiara Psicología. En la actualidad, mi hermana es una de las personas más relevantes de España en el sector de los RRHH. La pregunta es: ¿hubiera sido una abogada igualmente destacada?

La generación de mis hijos es ya otro mundo. Andrea, que como te decía tiene 17 años en el momento de escribir este libro, hace danza desde que tiene 3 años. Si me dijera que quiere dedicarse profesionalmente a la danza, ¿qué crees que le diría? Claramente la apoyaría. ¿Te imaginas por un momento qué hubiera respondido mi padre si mi hermana le hubiera dicho que quería dedicarse a la danza? Nuestros hijos son la primera generación que trabajará por pasión.

Por suerte, después del cambio estructural que hemos vivido en los últimos años (lo que algunos llamaron crisis 2007/2014), nuestra generación ha aprendido que trabajar por dinero no te da seguridad y que trabajar por pasión (o al menos "con" pasión) es infinitamente más rentable que trabajar solo por dinero. Si trabajamos solo por dinero, nunca podremos competir contra las generaciones que actualmente se incorporan al mercado laboral, ellos trabajan por pasión.

Cada uno de estos tres grandes cambios en el mercado nos obliga a afrontar, a su vez, un gran reto, a saber: construir valor diferencial, digitalizar nuestros procesos comercia-les y mejorar nuestra actitud para poner pasión en lo que hacemos.

La evolución que suponen los cambios en el mercado y sus equivalencias en los retos personales (entre paréntesis) son los siguientes: de vender por precio a vender por valor (construir valor diferencial), de lo analógico a lo digital (digitalizar todos los procesos), de trabajar por dinero a trabajar por pasión (potenciar la actitud desde la pasión).

El mercado, debido a la globalización, es cada vez más competitivo. Los comerciales, ejecutivos, emprendedores, directivos y empresarios tienen la clara necesidad de captar, fidelizar y optimizar clientes para hacerse un lugar, consolidar su posición o incrementar su volumen de negocio. Muchos libros les hablan de técnicas, pero solo este ofrece 15 claves concretas que garantizan el éxito comercial en un 99,9% para afrontar los tres grandes cambios a los que nos enfrentamos. Ahora que sabes en qué contexto juegas y a qué retos debes enfrentarte, la consecución de tus objetivos depende fundamentalmente de ti. Mi misión en las siguientes páginas es ayudarte con las 15 claves del éxito comercial, profesional y empresarial que he aprendido y puesto en práctica a lo largo de mis más de dos décadas al frente de empresas líderes en España y UK. Espero y deseo que te sean útiles.

En este sentido, para delimitar los objetivos del volumen que tienes en las manos o, lo que es lo mismo, para sacar el máximo provecho a este libro, hablaremos de las 15 claves para captar, optimizar y fidelizar clientes, en la era digital. Cada una va acompañada de una serie de experiencias propias y de casos prácticos concretos que ejemplifican cómo aplicarlas. Estas claves, descubiertas y desarrolladas dirigiendo empresas de primer nivel, me han permitido competir contra grupos internacionales con mucha mayor capacidad comercial y recursos que yo, así como captar y gestionar clientes del nivel de Carrefour, Desigual o Port Aventura, entre otros.

Para que puedas sacar el máximo provecho de estas claves me permito sugerirte que dejes a un lado las creencias limitantes, esas que impiden que nuestra capacidad de aprendizaje sea óptima.

Lo que llamamos imposible casi siempre es improbable. ¿Iremos a la luna? Improbable, pero no imposible. Creamos lo que creemos. Si creemos que algo es imposible, no lo crearemos.

> **Creer es el primer paso para crear.**

Yo también tengo, como todos, mis creencias limitantes. Para que no me impidan un óptimo desarrollo procuro aplicarme cuatro sencillas premisas:

a) A veces me equivoco, a veces aprendo. En 1992, con solo 22 años, entré a trabajar en la multinacional Avenir, del Grupo Havas (en la actualidad J.C. Decaux), cuyas oficinas estaban en Barcelona. Allí algo me llamó la atención: la gente llegaba a las reuniones 10 minutos antes de la hora prevista de inicio para sentarse lo más lejos posible del jefe. Y cada vez que este hacía una pregunta, todos se escondían debajo de la mesa, como si no fuera con ellos. Yo alucinaba porque para mí lo más importante era sacar el máximo de cada una de las situaciones. Un tiempo después, en 1995, me fui a trabajar a Londres, a la misma empresa. Allí observé que los compañeros también llegaban 10 minutos antes de la hora, pero lo hacían para sentarse lo más cerca posible del jefe. Y cuando este hacía una pregunta, se peleaban, casi literalmente hablando, por ser los primeros en responder. La gran diferencia entre la forma de trabajar de latinos y anglosajones es que los segundos hacen de todo un aprendizaje. No les importa tanto si tienen razón o no, no tienen sensación de fracaso o vergüenza si se equivocan. Entienden que no hay aprendizaje sin experiencia, y que no hay evolución sin aprendizaje. Por tanto, te sugiero que leas en "modo anglosajón". O sea, pensando que de todo se aprende. Por eso en Inglaterra, cuando un joven emprendedor de 25 años va a un banco a pedir dinero, este le pide un solo requisito: que haya cerrado una empresa, que haya fracasado. ¿Por qué? Porque has aprendido. Y ellos tienen la convicción de que si has cerrado una empresa has aprendido y no te volverá a suceder.

b) Nunca pienso "esto ya me lo sé". Seguro que muchas cosas de las que te explicaré a lo largo del libro ya las sabes. El tema es: ¿las aplicas? ¿Las aplicas bien? ¿Tu equipo las conoce y las aplica? Si lo que lees es nuevo para ti, procura incorporarlo. Si no es nuevo, céntrate en mejorar su aplica-ción.

c) Solo puedo cambiar lo que depende de mí. Leerás muchas cosas y casi todas las puedes aplicar tú mismo/a. Céntrate en eso, o sea, única y exclusivamente en lo que depende de ti. No pierdas el tiempo con los "esques": "es que el mercado está muy mal", "es que mi jefe no me deja respirar", es que "la Administración nos acribilla a impuestos", "es que me ha fallado el proveedor", "es que…". Cambia lo que TÚ puedes cambiar y actúa sobre lo que TÚ puedes actuar. No puedes cambiar el mercado, no puedes cambiar a tus clientes, ni a tus superiores. Lo que sí puedes cambiar es la forma en que interactúas con todo ello. Focalízate en esto.

d) Lo más importante es lo más importante. Durante el tiempo que inviertas en la lectura del libro "que lo más importante sea lo más importante", como dijo Stephen Covey. O, como dice Victor Küppers, "lo importante en la vida es que lo más importante sea lo más importante". Y lo más importante durante la lectura tiene que ser aprender todo lo que puedas. Por desgracia, desde hace algunos años no paso con mis hijos todo el tiempo que me gustaría, pero he aprendido que cuando estoy con ellos, cuando me hablan, cuando me explican su día a día, sus preocupaciones o emociones, lo más importante en ese momento son ellos. Y dejo el resto de lado. Si no actuamos así, si no tenemos esto en cuenta, al terminar el día tendremos la sensación de que, aunque hemos hecho muchas cosas, en realidad no hemos hecho nada.

FOCALIZANDO: CLAVE 1.

Hay dos maneras de difundir la luz. Ser la lámpara que la emite, o el espejo que la refleja.

Yutang Lin.

Todos nos marcamos objetivos a nivel profesional, pero pocos logramos impedir que el día a día nos *desfocalice* y nos desvíe de esos objetivos.

> **Como todas las habilidades, la de focalizar se debe entrenar.**

Así que entrénate en poner el foco en lo que quieres conseguir y procura que todas y cada una de las cosas que hagas te lleven hacia ese objetivo; "todo" lo que hagas cuya consecuencia no te acerque a tu objetivo, desestímalo. La inmensa mayoría de nosotros, aun teniendo claros nuestros objetivos, funcionamos prioritariamente en base a lo que el mercado y nuestros clientes nos marcan, no en base a lo que realmente queremos. Somos como un barco en medio del océano que va hacia donde va el viento. Pero el viento casi nunca te lleva al puerto al que quieres llegar.

En 1990, mientras estudiaba publicidad en Bilbao, participé (con Roberto González Eguinoa) con mucha ilusión en un proyecto novedoso para la época: una valla publicitaria digital móvil. Esto, incluso hoy en día parece tan rudimentario que hasta cuesta imaginárselo, por eso me permito ponerte una imagen del "maravilloso" ingenio, aunque no tenga mucha calidad.

Después de conseguir algunos clientes para que se anunciaran en la pantalla digital, decidí escalar el negocio y en junio de 1992 me trasladé a Barcelona pensando que era el lugar ideal para hacerlo. Todo el país estaba en plena euforia olímpica y me dejé llevar por el ambiente. Pero pillé el crack postolímpico y tuve que abandonar la idea. Eso sí, tenía claro que quería dedicarme a la publicidad, y en concreto a la publicidad exterior, por lo que localicé la empresa líder en el mercado y fui a pedir trabajo. Para situarte, estoy hablando de septiembre del 92, o sea, uno de los peores momentos de la historia para buscar trabajo en el sector publicitario español. Con muchas dificultades conseguí localizar al responsable de la empresa, que después de mucho insistir me concedió una entrevista. Cuando entré en su despacho, lo primero que me dijo, con cara de muy pocos amigos, fue: "Llevas dos semanas dando por saco a mi secretaria. ¿Qué coj... quieres?". "Quiero trabajar aquí", contesté.Puso la mano sobre una pila de currículos que tenía encima de la mesa y replicó: "Tú y mil más". Entonces le ofrecí trabajar sin cobrar durante tres meses a condición de que si lo hacía bien me contratara. Me dejé la piel y al cabo de tres meses volví a entrar en su despacho. "¿Me contratas?", pregunté. Y lo hizo. Permanecí en la misma compañía hasta 1996, trabajando en Barcelona y Londres. Lo que me hizo conseguir el trabajo fue simplemente la focalización en ello, uno crea lo que cree; yo tenía claro que trabajaría en esa empresa, no sabía lo que me costaría pero sí sabía que trabajaría allí. Si te focalizas en el *qué* solo consigues dinero, pero no consigues ni éxito ni felicidad. Mi éxito estaba basado en el porqué, mi porqué era "yo me quiero dedicar a la publicidad". Y desde el propósito[1] todo es infinitamente más fácil.

> **El 90% del éxito se basa en tener claro lo que quieres, poner foco e insistir, insistir e insistir.**

Ahora bien, lo que quieres, lo que deseas, no debe ser un sueño, sino un objetivo, un sueño es efímero, un objetivo tiene fechas e indicadores concretos. Ante un objetivo que te plantees en la vida es muy importante que lo dividas en subobjetivos. A menudo los objetivos son demasiado grandes y corres el riesgo de desmotivarte si los ves siempre lejos. Un objetivo debe ir acompañado de un plan. Porque si no tienes plan, no tienes nada.

---

[1] Técnicas: Circulo de Oro, Simon Sinek.

> Empieza poniendo el foco en cada uno de los sub-objetivos u objetivos parciales que necesitas conseguir para llegar hasta el objetivo principal.

Llevado esto al terreno comercial, hay que tener objetivos de venta y tener bien identificada la facturación necesaria para alcanzar dicha venta (venta es la suma de toda la facturación en un periodo a un mismo cliente, puedes hacer una venta de 1.000 facturada en diez veces de 100). Tenemos que saber cuántas ventas tenemos que hacer para alcanzar los objetivos, para lo cual es clave saber cuál es el ticket medio (la facturación media de la totalidad de los clientes). El éxito comercial se basa en gran parte en segmentar todo el proceso en las partes más pequeñas posibles, de manera que las podamos medir y en consecuencia mejorar. Al medir, huimos de la improvisación, que tanto nos afecta a los comerciales. Cuanto más medible sea el proceso, más capacidad de mejora tendremos y mayores posibilidades de conseguir nuestro objetivo.

Suponiendo que nuestro objetivo sea una determinada cifra de ventas anual, podemos dividir este objetivo en los siguientes sub-objetivos:

—Número de ventas que necesitamos para conseguir el objetivo, teniendo en cuenta el ticket medio.

—Número de clientes necesarios, teniendo en cuenta el ticket medio.

—Número de acciones comerciales mensuales para conseguir el número de ventas necesario.

Según cada sector y cada producto, necesitarás hacer un número determinado de acciones comerciales para conseguir tus objetivos de ventas y su consiguiente facturación. En nuestro caso, vamos a suponer que para conseguir 10 ventas anuales tendremos que hacer 100 presentaciones comerciales. Si eliminamos los meses de agosto y diciembre, habitualmente poco productivos, nos salen 10 presentaciones al mes. Eso puede significar (aunque, insisto, dependerá de cada sector y cada producto) que tenemos que hacer como mínimo 40 llamadas al mes (post mail) para concertar esas 10 reuniones. Suponiendo que todo fuera nuevo negocio (nuevo negocio = más clientes o, en algunos sectores, que un mismo cliente me compre más productos), eso implicaría enviar previamente 80 correos electrónicos presentándonos y diciendo que llamaremos para concertar una reunión (si tu producto es de alto valor siempre se envía un correo antes de llamar, de lo contrario te posicionas en bajo valor). Y para enviar los 80 e-mails necesitamos una base de datos (lo que llamo "pecera") de como mínimo 400 clientes potenciales anuales a los cuales debes mostrarles previamente el valor diferencial de lo que ofreces vía redes sociales, para conseguir un ratio de apertura razonable en el mail, importante entender que el mundo digital nos permite darnos a conocer sin levantar el culo de la silla; entre el 5 y 15% de los usuarios de Linkedin (dependiendo del sector) son digitales, son activos en Linkedin como mínimo una vez cada 30 días. Tienes que tener muy presentes todos estos indicadores y medir todas tus acciones.

Metodología:

1. Identificar para llenar pecera, sub-objetivo 400 clientes.

2. Interactuar en RSS, sub-objetivo captar la atención de 80 clientes potenciales.

3. Mail, sub-objetivo conseguir que el máximo de los 80 lean el mail.

4. Llamada, sub-objetivo conseguir hablar para cerrar reunión con 40 clientes potenciales y cerrar 10 reuniones.

5. Reunión, sub-objetivos conseguir 10 ventas de las 100 reuniones.

> **Lo que no se mide no se puede mejorar.**

IDEAS EN ACCIÓN PARA FOCALIZAR:

- Como todas las habilidades, la de focalizar se debe entrenar.
- El 90% del éxito se basa en tener claro lo que quieres, poner foco e insistir, insistir e insistir.
- Empieza poniendo el foco en cada uno de los sub-objetivos u objetivos parciales, no te quedes en la macro cifra.
- Lo que no se mide no se puede mejorar.

IDENTIFICANDO TALENTOS Y HABILIDADES: CLAVE 2

Utiliza en la vida los talentos que poseas: el bosque estaría muy silen-cioso si solo cantasen los pájaros que mejor cantan.

Henry van Dike.

Una vez entendemos la importancia de la focalización, tenemos claro lo que queremos y hemos insistido hasta la saciedad para conseguirlo; cuando hemos puesto el foco en cada uno de los sub-objetivos u objetivos parciales sin quedarnos en la macro cifra, ¿te has parado alguna vez a pensar cuáles son tus talentos innatos y qué habilidades necesitas para desarrollarte profesional y personalmente? ¿O simplemente te has ido adaptando a las circunstancias y has dejado que tu trayectoria profesional te vaya llevando?

En 1996, con 26 años y después de mucho meditarlo, decidí volver a Barcelona. Había logrado algo muy difícil, alcanzar la estabilidad profesional y personal en una ciudad tan competitiva como Londres, pero sentía la clara necesidad de iniciar mi propio proyecto empresarial y quería hacerlo en Barcelona. Así que regresé a la que desde entonces fue mi ciudad de adopción. Ese año empezó la etapa de mi vida que denomino "de la nada al éxito (1996 al 2007)". En aquellos momentos la imagen del éxito era para mí "la corbata de mi padre", pues de él aprendí que los triunfadores se levantaban cada día a las 6 de la mañana, se ponían el traje y corbata, iban todo el día como locos de aquí para allá y llegaban a casa a las 9 de la noche descompuestos y soñando con descansar un rato. Con el tiempo he aprendido que el éxito no tiene nada que ver con eso.

> **No luches por el éxito de otros, Identifica y trabaja por tu propia idea de éxito, si tú no trabajas por tu éxito, alguien te pagará para que trabajes para el suyo.**
>
> **El éxito es conseguir lo que se desea,
> la felicidad disfrutar lo que se tiene.**

Pero volvamos a mediados de los noventa. En aquellos momentos tenía claro que quería emprender. Era un objetivo muy difícil teniendo en cuenta que en el sector publicitario mandaban las multinacionales y los grandes grupos de comunicación. Pero eso no me frenó. Con la fuerza de la juventud y la ambición me lancé a competir en un sector de gigantes focalizado en lo que mejor sabía hacer, vender, tenía y tengo un talento innato (que todos mis hermanos hemos heredado de mi padre) para ello. En enero de 1997 arranqué mi primer proyecto, Medio Exterior Task Force, empresa especializada en comercialización de soportes publicitarios de terceros, básicamente éramos un concentrador, habíamos unificado todas las vallas publicitarias de las empresas locales de todo el territorio nacional en una oferta única, nos convertimos en la empresa de vallas publicitarias más grande de España sin poseer una sola valla. Establecí la oficina en Barcelona Activa, a la que siempre estaré agradecido por su acompañamiento y ayuda, el tener un gran talento para la venta me ayudó mucho, pero eso no era suficiente. A los pocos meses mi falta de conocimientos en finanzas, contabilidad y operaciones empezó a preocuparme. No estaba acostumbrado a mantener reuniones con personas sin dominar la temática de la que se estaba hablando. No tardé en darme cuenta de que debía adquirir habilidades y conocimientos para entender las temáticas, si tenía el afán de ser un experto. Así, en octubre de 1998 inicié un programa en dirección general (PDG) en EADA Business School para adquirir dichas habilidades. El talento es innato y las habilidades se adquieren, pero tienes que saber cuáles.

La clave 2 es fácil de enunciar, aunque no tanto de llevar a la práctica: identifica qué habilidades necesitas para tu trabajo y desarróllalas.

> **El talento innato es una habilidad que también debes trabajar.**

Muchos profesionales, comerciales, emprendedores ejecutivos o directivos han alcanzado su posición actual debido a un talento innato, pero ¿ese talento les mantendrá donde están? El talento que les ha hecho tener éxito o les ha llevado hasta su posición actual, ¿es el mismo que necesitarán para tener éxito en el futuro? En un entorno como el actual, que cambia tan rápido, es improbable que sea así. Vivimos en un mundo globalizado en el que todo cambia a gran velocidad, así que nosotros tenemos que hacerlo también. Debemos vivir en un estado de constante evolución, de lo contrario nos quedaremos atrás. Y para evolucionar tenemos que aparcar nuestras creencias limitantes y vivir a la altura de nuestras posibilidades, no de nuestras limitaciones.

Hay que identificar por un lado los talentos, aquello que se nos da bien, y por otro las habilidades que necesitamos para nuestro desarrollo profesional. Y luego potenciar tanto unos como otros. ¿Para qué? Para crear valor diferencial, porque, como vimos en la introducción, en un mundo competitivo no basta con ofrecer valor añadido: hay que construir valor diferencial con lo que te diferencia de los demás, que es tu talento innato y potenciarlo. Solo así sobresaldrás de los demás. El talento innato lo heredamos de nuestros padres, mientras que las habilidades las adquirimos a lo largo de los años. A mí me gusta decir que el talento no deja de ser una habilidad que no hemos tenido que adquirir debido a que es innato.

> **Para emprender cualquier proyecto, cualquier iniciativa, sea la que sea, la clave es entender qué habilidades necesitas.**
> Un emprendedor emprende esté donde esté, fuera o dentro de una organización (intraemprendedor).

Algunas habilidades coincidirán con tus talentos naturales y otras no. Si coinciden, fantástico, porque te resultará más fácil, pero sea como sea tendrás que trabajarlas (Messi y Ronaldo entrenan todos los días, Paco de Lucia es la persona que más horas de su vida ha dedicado a tocar la guitarra).

Una vez identificadas[2], sepáralas en tres grupos (entendemos el talento como una habilidad):

a) **Habilidades que tengo y no necesito mejorar.** Necesites o no estas habilidades, no las descuides, busca la manera de mantenerlas vivas. Son, casi seguro, las que te han llevado hasta donde estás hoy, y nunca sabes cuándo volverás a necesitarlas.

b) **Habilidades que tengo, pero necesito mejorar.** Estas tienes que trabajarlas sí o sí. Márcate pequeñas acciones cotidianas para trabajarlas.

c) **Habilidades que no tengo y necesito adquirir.** Si te cuesta mucho adquirirlas, busca cómo complementarte con otras personas o empresas y que éstas te aporten dichas habilidades sin tener que adquirirlas.

Esta simple clasificación es muy importante para decidir si vamos a trabajar para adquirir o mejorar una determinada habilidad o si, en lugar de eso, vamos a complementarnos con otras personas que sí tengan esas habilidades. Si nos decidimos por trabajar una habilidad, debemos tener en cuenta que nos llevará un tiempo, incluso es posible que mucho tiempo. Todas las habilidades se pueden trabajar, pero difícilmente las dominaremos tanto como otras personas que llevan tiempo desarrollándolas o personas que tienen un talento innato y encima lo han trabajado. En la clave 10 te enseñaré cómo identificar a personas con talento y habilidad complementarios a los tuyos.

Es muy común que los emprendedores, cuando inician un proyecto empresarial traten de adquirir todas las habilidades que necesitan para desarrollarlo. Pero si una persona, por

---

[2] Técnicas: El Elemento (Ken Robinson)

ejemplo, es buena como diseñador y decide montar una empresa de diseño gráfico, es mejor que se focalice en lo que sabe hacer. Puede adquirir ciertos conocimientos de gestión, pero sin buscar la profundidad (no se puede ser analítico y creativo a la vez). Y, sobre todo, no debes caer en el error de pensar "si lo hago yo, me ahorro este coste o lo controlo mejor", pues el tiempo que dedicas a la gestión no lo dedicas a diseñar. El coste de oportunidad que estás perdiendo es altísimo. A los comerciales, emprendedores, ejecutivos o directivos muchas veces les pasa lo mismo: son muy buenos en algo (comunicando, argumentando, entendiendo la necesidad de un cliente, identificando rápidamente cómo dar solución a esa necesidad, negociando, etc.), pero rara vez (por no decir nunca) lo son en todo.

> **Es importante identificar nuestro talento y habilidades y buscar un complemento allí donde somos menos fuertes.**

IDEAS EN ACCIÓN PARA IDENTIFICAR TALENTOS Y HABILIDADES:

- No luches por el éxito de otros, trabaja por tu propia idea de éxito.
- El talento innato es una habilidad que también debes trabajar.
- La clave es entender qué habilidades necesitas.
- Es importante identificar nuestro talento y habilidades y buscar un complemento allí donde somos menos fuertes, no se puede ser bueno en todo.

COMBINANDO VIDAS: CLAVE 3

Los impulsos tendientes a crear o acentuar divisiones deberían ser templados y reemplazados por el espíritu de conciliación.

Indira Gandhi.

Habiendo focalizado y trabajado nuestro talento de cara a nuestra propia idea de éxito, hemos entendido qué habilidades necesitamos y hemos buscado un complemento allí donde somos menos fuertes. Transcurridos unos meses desde el arranque de Medio Exterior Task Force, unos meses de locos en los que trabajaba 14 horas diarias, empecé a darme cuenta de que algo no iba bien. Las acciones comerciales daban su fruto, la empresa facturaba cada día más y eso me alegraba, pero cada día, en el camino de vuelta a casa, agotado, me asaltaba la sensación de no haber hecho nada de lo que realmente quería hacer. Me sentía como que hubiera pasado el día yendo de aquí para allá sin rumbo. O sea, como un pollo sin cabeza. ¿Te suena de algo?

Un buen día decidí parar y analizar la situación. Me di cuenta de que no estaba marcando mi propia agenda. Los dueños de mi tiempo eran en realidad el mercado y mis clientes. Entonces me pregunté: si el rumbo lo marca el mercado ¿a qué puerto llegaré, al que quiera yo o al que quieran mis clientes? Estaba dejando que los intereses de otros, que no siempre eran los míos, marcaran mi agenda, y cuando inicias o desarrollas una actividad no debes perder de vista tus objetivos y poner foco en ellos como vimos en la clave 1. Tienes que procurar que todo lo que hagas te lleve donde quieres ir. Vi claramente que estaba perdiendo el foco, y que, si no marcaba un rumbo y definía un puerto de destino, seguiría navegando a merced del mercado y mis clientes.

A la mañana siguiente, tratando de poner un poco de orden, analicé las diferentes actividades de mi día a día y me di cuenta de que podían clasificarse en cuatro grupos:

a) Gestión de los pedidos y las operaciones de los clientes actuales.

b) Gestión de incidencias e imprevistos puntuales.

c) Acciones para que mis clientes me compraran más (*up/cross-selling*).

d) Acciones para conseguir más clientes, para crecer y evolucionar.

Llegué a la conclusión de que si era capaz de gestionar de forma independiente estas cuatro actividades, mi eficacia y eficiencia aumentarían exponencialmente. Tenía que gestionar mejor lo que se conoce como el *sales* versus *delivery* (vender vs. entregar, o vender vs. gestionar).

Tratándolo de simplificar mis cuatro actividades cotidianas entendí que podía agrupar las cuatro actividades en dos, por una parte, las operaciones, gestionar las peticiones e incidencias diarias con los clientes (el día a día, el corto plazo) y por otra buscar nuevos clientes, aumentar las ventas, crecer y facturar más a mis clientes, *up/cross-selling* (el nuevo negocio, el medio plazo). La clave está en combinar bien ambos, corto (*delivery*) y medio plazo (*sales*).

Pero para combinar bien ambos hay que tener un método que te garantice que el día a día (corto plazo) no te absorba y te robe el tiempo que necesitas para hacer el *sales* (medio plazo).

> **Que el día a día no te impida crecer.**

Para tener un método que te garantice los buenos resultados en el *sales* lo más importante es entender que no todo son clientes[3] y clasificarlos en tres estados diferentes para ganar perspectiva.

1. Un cliente potencial (también *prospect* o *new business*). Persona que no me conoce y no me compra.
2. Lead[4] (también contactos). Personas que me conocen, pero no me compran.
3. El cliente. Persona que me conoce y me compra.

A medio plazo, que es lo que reatroalimentará el corto, lo primero es transformar a los clientes potenciales en leads, sin levantar el culo de la silla o levantándolo lo mínimo posible, hay que hacerlo en digital, gastando megas. Y en cambio gastando suela a la manera tradicional, transformamos los leads en clientes.

Para que os hagáis una idea, yo transformo los potenciales en leads a través de mucha publicación de alto valor en Linkedin, email marketing y luego impartiendo conferencias en abierto (lo que para mí es una conferencia para otro puede ser una feria o un evento). A esas conferencias asisten como mínimo cincuenta personas que no me conocen, con estas tres acciones (Linkedin+emailing+conferencias); transformo masivamente los clientes potenciales en leads. Y lo

---

[3] En el resto del libro cuando hablemos de los tres (Potencial/Lead/Cliente) lo denominaremos cliente, aunque como hemos visto un cliente puede tener tres estados diferentes.
[4] Un lead en términos de marketing digital es un contacto cualificado. El que me conoce pero no me compra, también conocido como contacto.

hago sin gastar suela (o muy poca), utilizando Linkedin, emailing y conferencia. Imagínate si tuviera que hacer cincuenta presentaciones comerciales, ¿cuánto tiempo necesitaría? ¿Qué coste tendría? Incalculable. El tener una estrategia específica para crecer te garantiza el éxito. La locomotora siempre es el nuevo negocio, el crecer. Sin locomotora delante, los vagones se van separando.

El objetivo con un potencial es que nos conozca haciéndote visible; el objetivo con un lead es ganar credibilidad, que crea en nosotros y estar en su *top of mind* en el momento en que tome la decisión de compra; y el objetivo con un cliente es fidelizarlo y que nos compre más (*cross/up selling*).

> **A objetivos diferentes, actuaciones diferentes.**

La acción comercial presencial gastando suela la harás única y exclusivamente sobre los leads, los que te conocen y tienen un interés en tu producto o servicio. Nunca jamás debes realizar una acción comercial presencial sobre clientes potenciales que no te conocen. De hacerlo, te posicionarás automáticamente en bajo valor, y luego tendrás que dejarte la piel para argumentar tu valor diferencial, si entras directamente en alto valor el proceso se simplifica mucho.

Más adelante veremos que un proceso comercial de alto valor (potencial/lead/cliente) es fundamental para mejorar la eficacia comercial y sobre todo para la negociación; si te posicionas en bajo valor tu elemento diferencial es el precio, si te posicionas en alto valor tu elemento diferencial es el valor diferencial.

Una vez tenemos segmentados los "clientes" en tres estados (potencial/lead/cliente) ahora toca trocear el mercado, hay que romper el mercado en trocitos, a más trocitos más especialización y mejores resultados.

> **Fragmenta el mercado en diferentes segmentos.**

La fragmentación puede ser por sectores, tipo de cliente, área geográfica, producto/servicio que le quiero vender, etc. El criterio de segmentación o homogeneidad debe ser que respondan a los mismos estímulos o que tengan las mismas necesidades. A mí personalmente el que más me gusta es por sector, pues por norma general todos los clientes de un mismo sector necesitan lo mismo y además tienen la misma estacionalidad, lo que te permite construir una propuesta de valor que cubre la misma necesidad de todos los clientes de ese sector y abordarlos en el mismo período. Si no fragmentas, ¿cómo separar el día a día (corto plazo) del crecimiento (medio plazo)? Tienes que ser capaz de fragmentar el mercado en lo que yo llamo segmentos. Si no tienes segmentos, no tienes nada.

La ventaja de separar las acciones de corto de las acciones a medio plazo es que, aunque las trabajes en paralelo, no se mezclan. Las puedes planificar independientemente, marcando para cada una objetivos distintos, y cada vez que te salgas del rumbo sabrás dónde volver. Aunque hagas una buena planificación comercial segmentada, a medio plazo, difícilmente conseguirás ejecutarla más allá del 60-70%, ya que el día a día es impredecible y no te permitirá emplear todo el tiempo que te gustaría al crecimiento (medio plazo).

No obstante, conseguirás un mejor equilibrio entre vender (*sales*) y gestionar (*delivery*). Incluso aunque ejecutes menos del 50%, es mucho mejor que nada.

> **La segmentación permite entender mejor lo que necesita cada segmento.**

Una vez segmentado el mercado e identificado qué necesita cada segmento, tienes que construir una propuesta de valor (producto/servicio) a medida para cada uno de ellos que cubra sus necesidades y en consecuencia te permita construir valor diferencial. Básicamente se trata de adaptar tu producto genérico a cada segmento, para una entidad bancaria no es lo mismo ofrecer un crédito que ofrecer un crédito para autónomos.

Independientemente de las diferentes actividades de mi día a día (reducidas a dos), de los tres estados en los que se encuentran los clientes, los segmentos del mercado y la propuesta de valor (producto específico) que ofrezcas hay que entender que debes clasificar a los clientes en tres tipos dependiendo de lo que yo denomino "grado de entendimiento de necesidad":

a) Los que me necesitan y lo saben. Son todos aquellos que necesitan los productos/servicios que comercializáis, en este segmento se trata de cubrir una necesidad latente. Los clientes de esta clasificación contactarán con todos los proveedores del mercado y compraran con un criterio comparativo de precio (océano rojo). En este ámbito se mueven muy bien los vendedores de crece pelo (modelo clásico/ diésel de comercial/ejecutivo), los que tienen mucha labia, pero no escuchan.

b) Los que me necesitan pero no lo saben. Todos aquellos que necesitan vuestros productos/servicios pero no lo saben. A este segmento hay que despertarle la necesidad y es sin duda al que debe dirigirse toda compañía con un buen comercial/ejecutivo: el que es capaz de despertar una necesidad que el cliente no sabe ni que la tiene. En el momento en que la despiertas, el precio ya no tiene sentido, ya no es relevante. Ya vendes valor, no vendes precio. Aquí se mueve muy bien el vendedor experto (coche eléctrico). Sabe escuchar, despertar y dar solución a esa necesidad.

c) Los que no me necesitan y no lo saben. A ellos, los comerciales que tienen mucha labia les quieren crear una necesidad y en ocasiones lo consiguen pero solo lo hacen una vez.

Nosotros tenemos que focalizarnos en los clientes "b", debemos despertar necesidades. En un negocio de vallas publicitarias, por ejemplo, solo las compran los tipos a. Ellos compran al vendedor más barato y a paladas. Cuando es infinitamente más fácil vender al grupo b, en vez de vender vallas, creamos productos para despertar necesidades de los que no saben los beneficios que le aportará. Por ejemplo, en vez de vender simplemente vallas publicitarias, es más fácil crear una propuesta de valor con un producto que incluya vallas en las puertas o proximidades de todas las jugueterías de España. ¿Quién compra las vallas? Todas las personas o empresas que quieren vender juguetes y nunca se han planteado utilizar las vallas publicitarias para hacerlo. Hay que despertar la necesidad de estas personas, la valla en sí no despierta nada, lo que lo hace es un paquete de vallas en la puerta de las jugueterías.

El mejor ejemplo del mundo de despertar necesidades es el Solomillo Wellington de Buitoni. Buitoni puede vender hojaldre, que es como vender vallas. ¿Quién compra hojaldre? Los que quieren cocinar algo que lleve hojaldre. ¿Qué hojaldre van a comprar? El más barato. Pero sin embargo Buitoni no vende hojaldre, anuncia el Solomillo Wellington, un solomillo relleno cubierto de hojaldre. ¿A quién se lo ofrece? Despierta la necesidad de toda la gente que tiene que cocinar en casa y no sabe qué.

Steve Jobs, decía: "Mantente cerca de tus clientes. Tan cerca que seas tú el que les diga lo que necesitan mucho antes de que ellos se den cuenta de que lo necesitan".

Las claves para separar el día a día del crecimiento son estas. Más adelante profundizaremos en cada una de ellas: separar en cuatro el trabajo cotidiano y simplificarlo reduciéndolo a dos trabajos; gestión diaria e incidencias y crecimiento.

> **Separa a los clientes en tres estados.**
>
> **Fragmenta el mercado en segmentos.**
>
> **Clasifica los clientes por grado de entendimiento de necesidad.**
>
> **Construye una propuesta de valor (un producto) para cada segmento.**

IDEAS EN ACCIÓN PARA COMBINAR VIDAS:
- Que el día a día no te impida crecer.
- A objetivos diferentes, actuaciones diferentes.
- Debes fragmentar el mercado en diferentes segmentos.
- Construye una propuesta de valor por segmento.
- Focalízate en despertar necesidades.

CREANDO Y COMERCIALIZANDO: CLAVE 4

El cambio es inevitable. El crecimiento es opcional.
John Maxwell.

Ya tenemos una parte del camino en el bolsillo. Después de la focalización y de haber identificado nuestros talentos y habilidades, hemos descubierto que el día a día no debe impedirnos crecer. Hemos aprendido a fragmentar el mercado en diferentes segmentos y hemos entendido que desde la necesidad de cada segmento podemos cubrir mejor sus necesidades. La necesidad que debe cubrir tu producto o servicio no la puedes determinar tú, sino el mercado, tus clientes. Invierte todo el tiempo que necesites en averiguar qué necesita el mercado y a partir de esa información crea un producto o servicio que ofrezca una solución a esa necesidad. Si comercializas servicios, es importante que los trasformes en un producto concreto, que los "materialices", pues es mucho más fácil generar valor sobre un producto que sobre un servicio; qué diferente es ofrecer clases particulares de inglés (servicio) que ofrecer un programa (producto) de 10 meses para aprender inglés (que se hace con clases particulares, prácticas de conversación grupales, lectura individual, etc.) y si comercializas un producto, integra el servicio que ofreces dentro de la cadena de valor del producto (tiempo de entrega, respuesta en 24h., etc.). Ah, y recuerda que tu producto/servicio debe ofrecer un valor "diferencial". Todo tiene valor añadido, pero si ese valor no te diferencia de los demás sirve de muy poco.

> **Vendas lo que vendas, transfórmalo en algo que cubra necesidades reales.**

Después de dos años de gran crecimiento gracias a acciones comerciales planificadas y muy segmentadas, la curva de crecimiento de mi empresa, Medio Exterior, empezó a perder fuerza. Tenía que agudizar el ingenio. Por aquel entonces comercializábamos vallas publicitarias. Empresas locales de todo el territorio nacional nos cedían sus vallas para que nosotros las comercializáramos en las grandes agencias de publicidad, medios y anunciantes de Madrid y Barcelona. Teníamos una competencia brutal y un mercado súper atomizado. Las vallas que comercializábamos tenían mucho valor añadido, pues estaban bien ubicadas y tenían muy buena visibilidad, pero aquello no era suficiente, pues no nos diferenciaba suficientemente de los demás. Era valor añadido, no valor diferencial. Teníamos que hacer un esfuerzo comercial enorme para mantener la facturación. En cualquier proceso comercial es normal hacer una presión inicial muy fuerte, pero transcurrido un tiempo la presión debería descender y la demanda se mantiene. Si hay que mantener siempre una presión comercial máxima para mantener tu facturación, algo no estás haciendo bien. Probablemente no estás posicionando adecuadamente el valor de tu producto o servicio transformado en producto.

Me di cuenta de que las agencias de publicidad, medios y anunciantes, cuando tenían una necesidad concreta tenían que pensar cómo utilizar las vallas que les ofrecíamos y que aquello dificultaba mucho el proceso de comercialización. Como hemos visto en la clave anterior existen tres tipos de clientes: a) Los que nos necesitaban y lo sabían. A estos les daba igual cómo les ofreciéramos el producto, pues ya sabían cómo usarlo; b) Los que lo necesitaban, pero no lo sabían. Con estos la clave era despertarles la necesidad y hacerles ver que lo necesitaban sin un proceso comercial muy costoso; y

c) Los que no lo necesitaban. Con estos no había nada que hacer salvo crearles la necesidad, pero esto, además de costoso, era pan hoy y hambre para mañana, pues no tendrían recurrencia.

Teníamos que potenciar los productos que despertaran necesidades y generar el máximo valor diferencial en ellos.

> **Si comercializas un producto tangible y das un buen servicio, fusiona el producto y el servicio en una misma cadena de valor y no menosprecies nada.**

Hay que dar todo el valor añadido y que cada cliente coja lo que quiera. A menudo es el propio cliente el que construye el valor diferencial escogiendo un valor añadido u otro según sus necesidades.

Una madalena vale 0,25€, un *muffin*, 2,50€ y un *cupcake*, 5€. ¿Cómo se puede añadir valor a una simple magdalena? Poniendo en la cadena de valor un envoltorio rosa decorado, añadiendo nata y pepitas de chocolate, etc. El valor añadido se convierte en valor diferencial cambiando el nombre. Ya no es una magdalena con nata y un papel diferente: ¡es un *cupcake*! ¿Cuánto valdría una magdalena con nata? Seguro que no los 5€ de un *cupcake*. Pero si alguien te dice "es caro", siempre puedes argumentar que ofreces un valor diferencial. El *cupcake* tiene un precio más elevado, sí, pero es claramente diferente a la magdalena. ¡Incluso en el nombre! Si ofreces un alto valor diferencial, difícilmente te podrán decir que eres caro. Podrán decirte que es mucho dinero, pero no que es caro o barato, porque es diferente.

> **Transformando la suma de valor añadido en valor diferencial puedes diferenciarte hasta ser "único".**

La clave es crear productos con tanto valor diferencial que te permitan estar en tu océano azul[5], un espacio del mercado donde estés solo y nadie te pueda decir que eres caro, te podrán decir que cuestas mucho dinero pero nunca caro, porque no te pueden comparar con nada. Ikea está en un océano azul, tu decisión es comprar un mueble en una tienda tradicional o ir a Ikea. Me voy al circo o al circo del sol, me compro un teléfono o un iPhone, me voy a tomar un café o me voy a Starbucks. Un café de Starbucks ¿es caro o barato? ¿Con que comparas el sofá, el wifi, etc. que te ofrecen? Con nada, eso no quita que sea mucho dinero por un café. Todos tenemos que crear nuestro propio espacio en el mercado, océano azul, y si no podemos, un charco es mejor que nada.

A más diferenciación, menos pesa el precio en la decisión de compra. Nunca conseguirás que el precio deje de importar del todo, pero sí puedes conseguir que sea menos importante. Al final, o eres diferente o eres barato. Y si escoges lo segundo, siempre habrá alguien (¡siempre!) más barato que tú.

Muchas organizaciones y profesionales prefieren moverse en la inconcreción porque creen que así podrán ofrecer

---

[5] Técnica: La estrategia del Océano azul.

algo a medida de cada cliente, pero, ¿cuantas veces tienes la oportunidad de que tus clientes potenciales o leads te expliquen "realmente" lo que necesitan para poder construir un producto ad hoc y así cubrir su necesidad? Es infinitamente mejor ofrecer productos específicos, aunque pierdas oportunidades de venta, que quedarte en la indefinición. Si un potencial o lead no te compra ahora, al menos te habrá posicionado en su *top of mind* y cuando necesite lo que tú ofreces te llamará. En cambio, si no te identifica claramente con algo, nunca te llamará.

Te podría poner muchos ejemplos, pero por citarte solo uno muy actual: una empresa ubicada en Barcelona ofrecía servicios de *clouding*, es decir, básicamente llevaba los datos y el software de sus clientes a un servidor en la nube. Este servicio tenía poco valor añadido y una competencia brutal, básicamente vendían megas de alojamiento y rapidez. Después de algunas sesiones de trabajo conmigo lo que hicieron fue hablar con los proveedores de software más relevantes (ERPs, CRMs, programas de contabilidad, etc.) y les ofrecieron llevar todos los programas instalados en servidores locales de miles de clientes a la nube. Así pasaron a comercializar una serie de productos como "Tu CRM en la nube", "Tu ERP en la nube", etc., que incluían copia de seguridad, exportación de datos, mantenimiento, etc. Es decir, cubrían una serie de necesidades concretas. Es muy diferente ofrecer servicios genéricos de *clouding* que llevar el CRM de un cliente a la nube con una metodología, un calendario y unos costes cerrados.

En nuestro caso, como el ejemplo que te ponía en la clave anterior, creamos un producto concreto para cada sector, para automoción un circuito (paquete) de vallas cerca de los principales concesionarios de coches; para el sector turístico un paquete de vallas en las principales zonas turísticas; etc. Y además potenciamos el valor diferencial sumando valor añadido, te enviamos los comprobantes en 24 horas, solucionamos las incidencias en 48 horas, etc.; pasamos todo lo que se considera servicio a la cadena de valor del producto.

IDEAS EN ACCIÓN PARA CREAR Y COMERCIALIZAR:

- Vendas lo que vendas, transfórmalo en algo que cubra necesidades reales.
- Fusiona el producto y el servicio en una misma cadena de valor.
- Transforma la suma de valor añadido en valor diferencial para ser "único".
- Debes transformar tu servicio en algo concreto y tangible, o sea, en un producto.

CONECTANDO PRODUCTOS CON CLIENTES: CLAVE 5

Nunca te puedes equivocar al invertir en las comunidades y los seres humanos dentro de ellos.

Pam Moore.

Casi a medio camino, después de aprender a focalizar, a identificar talentos y habilidades, fragmentar el mercado y crear y comercializar productos de máximo valor diferencial, tenemos que conectar los productos con los clientes. En cualquier empresa u organización, la innovación dura solo un tiempo. Aunque habíamos conseguido crear un producto con un alto valor diferencial, al cabo de poco tiempo dejó de ser suficiente para mejorar nuestra eficiencia comercial. Aunque teníamos buenos comerciales, una buena planificación y un buen producto, en un mercado exigente y extremadamente competitivo como el publicitario necesitábamos dar un paso más para mejorar la eficacia y eficiencia comercial. Decidimos entonces ofrecer productos más específicos todavía a cada tipo de cliente, para lo cual primero tuvimos que trabajar, más si cabe, no solo en entender qué necesitaba cada segmento (en mi caso, sector), sino en entender qué necesitaba cada cliente. Ahora tocaba hilar más fino.

Lo más importante para nosotros fue identificar con precisión lo que necesitaba cada cliente. Debíamos escuchar, escuchar, escuchar. Los comerciales/vendedores/ejecutivos expertos (eléctricos) se focalizan en esto, en pensar rápidamente en la solución que pueden ofrecer; desde el entendimiento de la necesidad, llegan al *match* (conectar solución con necesidad). Pasamos así de vender soportes publicitarios (circuito de vallas por sector) dependiendo de la necesidad del segmento (sector) a cubrir necesidades específicas por cliente. Aquello nos obligó a cambiar totalmente el enfoque. Habíamos mejorado mucho la eficiencia comercial pero ahora no se trataba de persuadir al cliente y cerrar la venta (o sea, de vender, vender y vender con un modelo clásico gastando suela, diesel), sino de desarrollar habilidades como la escucha, la preparación (Linkedin y Google), la anticipación, la empatía, la creatividad y la asertividad.

> **Solo si tienes claro qué necesita cada uno de tus clientes, puedes trabajar en el match (conectar necesidad con solución).**

No siempre es posible darles lo que necesitan, pero lo ideal es acercarse al máximo. Pasamos de hacer visitas y acciones comerciales con el objetivo de vender a hacer visitas con el objetivo de entender qué necesitaban nuestros clientes, todo un reto para muchos en aquel momento, o sea, a principios de la década del 2000. No fue un cambio fácil, pues pasamos de hacer el mayor número de visitas posible, en ocasiones incluso de forma indiscriminada, a esforzarnos por conseguir el *match*: entender la necesidad del cliente, encontrar la solución y conectar necesidad con solución para vender el producto *ad hoc*.

> Se trataba de organizar reuniones con los clientes y *leads* y decirles: no vengo a venderte nada, solo me gustaría entender mejor qué necesitas para ayudarte.

Este enfoque lo cambia todo. El cliente percibe que quieres entender lo que necesita para poder ayudarlo a encontrar una solución. Siente que le importas, siente que le conoces, que sabes de él, siente que le vas a ayudar a crear valor en su beneficio, más allá de si te compra o no. Esto da una imagen de profesionalidad, seriedad y credibilidad. Al cambiar el modelo comercial te posicionas automáticamente en alto valor, dejas de ser alguien focalizado solo en vender y pasas a ser una persona que ayudas a cubrir necesidades.

En este nuevo modelo, el comercial de éxito no es el que tiene las clásicas habilidades del vendedor, sino el que tiene la capacidad de escucha, anticiparse, planificarse y focalizarse en las necesidades de los clientes. Para este cometido gastar megas en Linkedin y Google es imprescindible. (Modelo experto, eléctrico, gastando megas para identificar y darse a conocer y suela para captar).

> Ser capaz de pasar de vendedor clásico (diesel) que gasta suela a vendedor experto (eléctrico) que gasta más megas que suela.

En un concesionario de motos donde iba a comprar una moto (ya sabía cuál quería), el vendedor me preguntó para mi sorpresa: ¿Tú para qué quieres la moto? Un vendedor clásico de crece pelo (vendedor diesel) me hubiera sentado y me hubiera vendido la moto que yo quería. El vendedor experto (eléctrico) que me encontré preguntó por mis necesidades. Acabé llevándome una moto que no era la que yo quería comprar en igualdad de precio que mi opción inicial. Pero me dio la mejor opción para mí.

El modelo vendedor experto (eléctrico) es mucho más complejo que el modelo clásico (diesel). Implica más preparación, planificación, digitalización, conocimiento del producto y cliente, pero también es infinitamente más efectivo. El primero está basado en el volumen (estadística) y el segundo en la efectividad. El modelo vendedor clásico (diesel) es muy bueno para el que vive anclado en la excusa: "He visitado a 20 clientes y a ninguno le interesa". El modelo experto (eléctrico) es perfecto para el que busca la mejora constante basada en el análisis de cada acción comercial. En el modelo eléctrico, donde se combina el valor de la marca profesional y personal, el valor diferencial del producto y el proceso comercial de alto valor, el esfuerzo lo haces al principio pero que te compren no depende tanto del precio, sino mucho más de ti, de tu capacidad de generar valor diferencial y diluir el peso del precio en todo el proceso.

A algunas personas les da miedo cambiar el modelo. Mejor o peor, el modelo vendedor clásico (diesel) lo controlan, mientras que en el modelo experto (eléctrico) todo es nuevo. Es importante tener claro que el modelo clásico tiene los días contados debido a que el cliente también está cambiando y dentro de muy poco los clientes no querrán (porque no existirán) tratar con comerciales de modelo clásico. Entremedio, sobrevive el vendedor híbrido, entre el diesel y el eléctrico.

El vendedor de modelo clásico (diesel) siente miedo tóxico al cambio y ese miedo le paraliza. El vendedor experto (eléctrico) tiene miedo sano que le hace estar siempre en guardia.

> **El miedo sano es el que te hace estar en guardia, aprendiendo, inquieto. El miedo tóxico te paraliza, te bloquea.**

Muchas empresas han hecho o están haciendo una transición del modelo vendedor clásico (diesel) al modelo experto (eléctrico) pasando por el modelo híbrido. Independientemente de crear productos e identificar qué clientes los necesitan, dedican la mayor parte de su tiempo comercial a preguntar a cada cliente (a través de llamadas, reuniones, encuestas, etc.) y a averiguar (Linkedin, Google) cuál es su necesidad específica. A partir de esta información y de entender la solución, crean un *match*, que por lo general se traduce en un producto personalizado para cada empresa. El proceso comercial es más complicado, pero más efectivo, pues depende mayoritariamente de factores que pueden controlar.

IDEAS EN ACCIÓN SOBRE CONECTAR PRODUCTOS CON CLIENTES:

- Si tienes claro qué necesita cada uno de tus clientes, puedes trabajar en el *match*.
- Sé capaz de pasar de vendedor clásico (diesel) que gasta suela a vendedor experto (eléctrico) que gasta megas.

- El miedo sano es el que te hace estar en guardia, aprendiendo, inquieto.
- No vengo a venderte nada, solo me gustaría entender mejor qué necesitas y cómo puedo ayudarte.

EJECUTANDO ESTRATEGIAS: CLAVE 6

Cuando un tío que te gusta no te hace caso, vete a por su amigo.

Anónimo.

Estamos en el medio del camino. Focalizar, identificar nuestros talentos y habilidades, combinar el día a día con el crecimiento, fragmentar el mercado, transformar el valor añadido en valor diferencial del producto y conectar producto con cliente nos lleva a ser un vendedor experto (eléctrico) que no gasta solo suelas, sino megas para atraer y suela para captar, porque ejecuta estrategias.

Año 2001. Nuestra odisea por el espacio publicitario seguía adelante. El nuevo posicionamiento como expertos, enfocados en cubrir necesidades específicas (previamente despertadas), era valorado positivamente por el mercado. El hecho de que nuestros competidores siguieran anclados en el modelo "vendedor clásico o diesel" (visita, visita, visita, venta, visita, visita, visita...) nos daba cierta ventaja competitiva. Ahora bien, había que seguir pagando un montón de nóminas, teníamos acreedores y proveedores cada mes, y eso me obligaba a replantearme si la estrategia que estábamos siguiendo era la correcta.

Tenía dos posibles modelos a seguir, estratégicamente hablando: competir por precio o diferenciarme en valor. La opción que habíamos iniciado y claramente prefería era la segunda, pero nuestro producto era perecedero (si un mes no alquilaba una valla publicitaria, ya no lo recuperaba) por lo que era muy tentador caer en la trampa del precio. Es decir, dejarnos la piel trabajando con un modelo comercial de diferenciación y alto valor y en un momento determinado hacer una oferta puntual y bajarnos los pantalones hasta los tobillos. Pero si alterábamos nuestra estrategia del valor, aunque fuera puntualmente, para competir por precio, nos posicionábamos automáticamente en bajo valor. Y siempre podía haber alguien capaz de vender más barato que nosotros.

> O éramos SIEMPRE baratos
> o éramos SIEMPRE diferentes.

Como teníamos un producto diferente y un modelo comercial diferente, el trabajo más duro era mantenernos firmes con el precio. No fue fácil: los clientes no entendían por qué rechazábamos sus proposiciones de compra a bajo precio y mi equipo a veces tampoco. Me tenía que enfrentar a unos y otros cada vez que alguien nos regateaba el precio, el argumento siempre era mejor que nada. Me dejaba el alma para argumentar el valor que ofrecíamos y sobre todo para explicar la diferencia entre "caro" y "mucho dinero". Los clientes siempre decían lo mismo: "Es muy caro". Y mi respuesta siempre era la misma: "¿Comparado con qué?". Y luego les argumentaba: "Puedo aceptar que es mucho dinero, pero estarás de acuerdo conmigo en que si valoras la calidad de las vallas publicitarias, la buena visibilidad que tienen, la buena ubicación, el producto a medida (*match*), el retorno que te darán y el servicio Premium que te damos, son muy baratas".

Defender el valor no siempre es fácil. Los comerciales (sobre todo el modelo clásico, diesel) se sienten infinitamente más cómodos en el modelo precio, por eso tuve que pasar a un modelo de comerciales expertos. Los comerciales tuvieron que desaprender el modelo vendedor clásico (diesel) para aprender el modelo experto (eléctrico). No fue algo instantáneo, sino paulatino. Y en el tiempo de transición alternamos ambos modelos, diferenciando los clientes según si eran más de valor o de precio. Alternar ambos modelos a veces es posible siempre y cuando tengas claramente identificados los clientes de precio (solo te compran por el descuento que les haces) y los clientes de valor (que quieren retorno que cubra su inversión y valor) independientemente de si es mucho dinero o poco.

De esta situación aprendí que cualquier cambio que se quiera introducir en una organización debe estar basado en los "porqués". Si el cambio es una imposición o simplemente una decisión estratégica organizativa, implantarlo te costará mucho. Sin embargo, si el equipo entiende los porqués y los beneficios que tendrá para ellos, el proceso es infinitamente más fácil.

> Si desaprendemos algunas cosas, podremos aprender otras.

La siguiente decisión estratégica que tuvimos que tomar fue si penetrar o descremar. Lo primero consiste en ir directamente con un producto de alto valor diferencial y elevado importe económico al mercado. Es una opción difícil, pues el proceso comercial se alarga mucho y es muy complicado conseguir credibilidad (aunque no imposible). Descremar, en cambio, significa realizar inicialmente una acción comercial sobre todo el mercado, o una gran parte, con un producto de menos precio pero de alto valor, en el cual se vea una muestra de valor diferencial que eres capaz de ofrecer. El proceso aporta muchas ventas y consecuentemente mucho volumen de clientes, y luego "descremamos" ofreciendo el producto de alto valor y alto precio solo a aquellos que aprecian nuestro valor diferencial y tienen capacidad de compra. En nuestro caso optamos por lo segundo, es decir, el descreme. Para ello, identificamos un elevado número de leads y les ofrecimos un producto muy accesible que era a su vez una clara muestra de lo que obtendrían comprando el producto estrella. Por tanto, nuestro modelo estratégico consistió en "diferenciarnos por valor y descremar el mercado". Para este proceso lo más fácil es tener productos bronce, plata y oro, focalizándote en la venta del bronce en primera instancia y del plata y oro en segunda.

Nunca pienses que no puedes diferenciarte, que estás en un mercado completamente maduro, eso no es verdad. Las empresas con más éxito del siglo XXI, las más rompedoras, se han apoyado claramente en una estrategia de diferencia-ción. Me refiero a empresas y marcas súper innovadoras como estas: Facebook, Netflix, Alibaba, Instagram, Uber y Airbnb. Pongo estos ejemplos porque son fáciles de enten-der, pero hay miles y miles no tan conocidos. En todos los sectores es posible innovar y diferenciarse, también en el tuyo, aunque ahora tal vez te cueste verlo. Nelson Mandela decía: "Todo parece imposible hasta que se hace".

En un sector tan atomizado como el del taxi, por ejemplo, Uber ha conseguido ser una de las compañías más grandes del mundo ¡sin tener un solo vehículo! Y Airbnb ha conseguido ser la compañía hotelera más grande del mundo sin tener un solo hotel. Así que no hay nada imposible.

En cuanto a la estrategia de descreme, un caso especialmente destacado es el de Wallapop (aplicación de compra-venta de artículos de segunda mano). Primero han ofrecido la aplicación sin coste y han ganado miles de clientes, y después ofrecen una serie de servicios extra de pago (mejorar la posición de los anuncios, por ejemplo, o convertirte en vendedor profesional). Un ejemplo de una aplicación mejorable de la estrategia de descreme es el de WhatsApp. Primero ofrecieron la aplicación gratis a todo el mercado y cuando tuvieron un gran número de clientes decidieron cobrarles. Aunque el importe que se barajó era muy pequeño, casi ridículo, la gente no estuvo dispuesta a pagar por algo que hasta aquel momento tenía gratis. Si ofreces algo gratis y luego, sin previo aviso, quieres cobrar por ese algo, no funciona. No me gustaría que asociarais la estrategia de descreme a empresas tecnológicas: cuando organizas un evento al que convocas a tus clientes estás descremando; cuando das una conferencia o similar estás descremando.

> **Cuando incrementes el precio de algo, debes ofrecer algo más a cambio, o sea, más valor.**

Uno de los errores más frecuentes es seguir estrategias equivocadas sobre los mismos segmentos de clientes. Si quieres seguir diferentes estrategias, hazlo, pero siempre sobre diferentes segmentos. Cuando hablo de segmentos quiero decir la segmentación inicial que hemos visto en la clave 3, que además podemos precisarla más identificando a los clientes de valor y a los clientes de precio de cada segmento.

Cuando hablamos de estrategias hay cuatro:

1. Si te posicionas en valor o te posicionas en precio. Pero si te posicionas en valor luego no te bajes los pantalones, por favor.

A título de ejemplo podemos ver cómo la cadena de panaderías y pastelerías Granier tiene una estrategia de precio brutal. Venden los cruasanes a 0,50€, cuando el precio de mercado está entre 1€ y 1,50€. Sin embargo, la cadena Farga tiene una clara estrategia de valor. No es mejor la una que la otra. Simplemente son diferentes.

2. Vas solo o vas acompañado. Es muy importante para el *time to market*, el tiempo que tardas en llegar a un determinado mercado.

Recientemente hemos visto como Burger King ha hecho un despliegue de medios brutal contratando personas y comprando motos para dar servicio a domicilio y unos pocos meses después McDonald's llega a un acuerdo con Glovo para ofrecer el mismo servicio. McDonald's seguro que pierde algo de margen al externalizar el servicio pero... ¿cuánto ha ganado llegando antes al mercado? ¿Cuánto gana focalizándose en lo que realmente saben hacer?

3. ¿Copiamos o innovamos? A veces es infinitamente más fácil copiar que innovar. Copiar la innovación del otro y dar un poquito de valor, un tuneado, una *customización*.

Nutella ofrecía la posibilidad de personalizar sus embases con tu nombre. Posteriormente Coca Cola ofrece lo mismo, pero con un modelo bastante más simple, podías buscar la lata con tu nombre en el supermercado.

4. ¿Descremamos o penetramos? Descremar es dar una pequeña muestra de lo que puedes ofrecer, despertar interés, para que luego te compren algo más. Es lo que yo mismo hago con mis conferencias. Penetrar es ofrecer un producto pagando o nada. De ahí, la piratería, por ejemplo. Las cosas de alto valor son costosas de vender directamente.

No es mejor el descreme que la penetración, ni tampoco lo contrario, sino que cada estrategia es adecuada para cada segmento, para cada tipo de empresa, de producto, o incluso para un momento determinado de la vida de una empresa o de un producto. Dos grandes competidores, Microsoft y Google, dos de las empresas con mayor capitalización bursátil del mundo, utilizan estrategias diferentes: Google aplica una estrategia de descreme y Microsoft una de penetración. Google nos ofrece gratuitamente el Gmail y el Chrome, entre otros servicios, y una vez nos tiene como usuarios fieles nos ofrece cuentas corporativas, drive corporativo y otra serie de servicios de pago (pero el Gmail y el Chrome siguen siendo gratis, esto es lo importante). Por el contrario, Microsoft ofrece su Office siempre pagando, como mucho te deja probarlo unos días. Son estrategias diferentes, y ambas dan resultado.

> **Es importante que tengas clara tu estrategia y que te mantengas firme en ella.**

No hay estrategias malas o buenas, sino estrategias equivocadas o acertadas en cada momento. En ocasiones puntuales se pueden combinar unas y otras, pero si lo haces asegúrate de que con cada cliente mantienes una única estrategia.

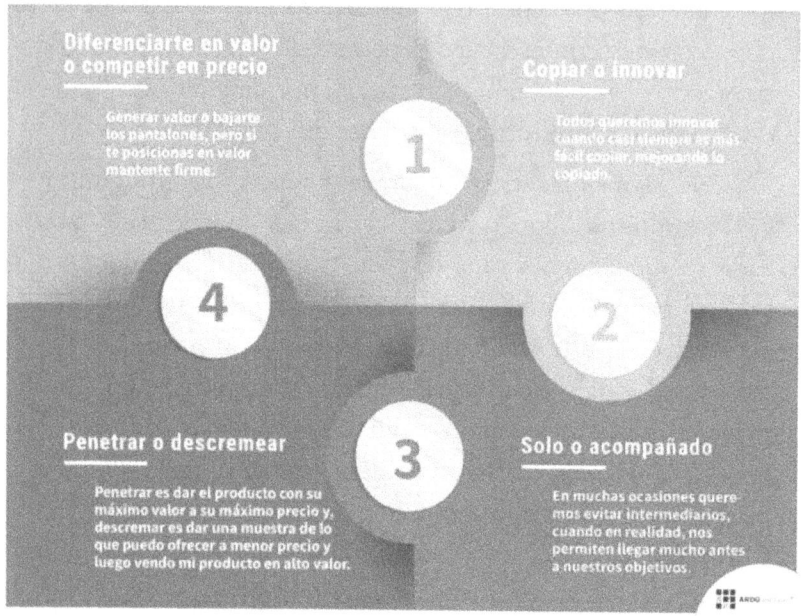

IDEAS EN ACCIÓN PARA EJECUTAR ESTRATEGIAS:

- O éramos SIEMPRE baratos o éramos SIEMPRE diferentes.
- Si desaprendemos algunas cosas podremos aprender otras.
- Cuando incrementes el precio de algo, debes ofrecer algo más a cambio, o sea, más valor.
- Es importante que tengas clara tu estrategia y que te mantengas firme en ella.

DIVERSIFICANDO: CLAVE 7

La variedad es la madre del placer.
Benjamin Disraeli.

Cuando ya hemos pasado el ecuador de este aprendizaje de las claves para el éxito comercial, esto es, hemos focalizado, identificado nuestros talentos y habilidades, combinado vidas, fragmentado el mercado, transformado el servicio en producto, conectado el producto con el cliente, transformado en vendedor que gasta más megas que suela y determinado la mejor estrategia comercial, mantenerse firme en la estrategia facilita la acción de diversificar. Porque si no, sin darte cuenta, te estás *desespecificando*. Por eso es súper importante que la diversificación no la hagas en productos ni en actividad, sino en clientes. Porque vuestra actividad es lo que os diferencia de los demás, tenéis que ser los mejores en algo desde el valor diferencial. Si te vas a más actividades, ¿cómo te van a posicionar en algo concreto? Te estás debilitando a ti mismo, te estás convirtiendo en el que se abre el abrigo y te pregunta qué quieres.

> **Sea cual sea tu estrategia, diversifica tu actividad en diferentes tipos de clientes y canales de comercialización.**

Es importante que te adaptes al mercado, pero sin perder de vista qué es lo que se te da bien, lo que constituye tu área de *expertise*. Para muchas empresas es más fácil conseguir o crear un nuevo producto para vendérselo a sus clientes que conseguir un cliente nuevo. Pero, al final, el objetivo de cualquier compañía es posicionarse en el *top of mind* de sus clientes.

> **No abandones tu área de especialización para contentar a unos y otros.**

En el año 2002 la economía iba como un tiro y el sector publicitario crecía a buen ritmo. Mi empresa, Medio Exterior, iba viento en popa a toda vela. Comercializábamos productos de éxito, nuestro posicionamiento en el mercado era completamente diferencial y la estrategia de alto valor era percibida por nuestros clientes muy positivamente, lo que nos permitía mantener precios altos frente a nuestros competidores. Nos habíamos profesionalizado tanto que llegamos a convertirnos en algo así como "la universidad de la publicidad exterior", o sea, la empresa de referencia del sector. Nuestros empleados eran codiciados por *head hunters* y competidores, que intentaban ficharlos con ofertas casi indecentes. Tal era el nivel de rotación, que tuvimos que desarrollar planes de carrera y programas de fidelización para evitar que se fueran, cosa inusual para una empresa de nuestra dimensión. Había que frenar la rotación del equipo humano, una de las peores epidemias que puede sufrir una organización. Para evitar esto, al menos en cierta medida, es importante dedicar cierto tiempo a diseñar un plan de carrera para cada empleado, una propuesta de acuerdo entre empresa y trabajador donde la primera concreta qué espera del segundo durante un plazo determinado de tiempo, qué recursos (económicos, organizativos y formativos) está dispuesta a aportar para facilitarle la tarea y qué incremento de responsabilidad y de salario tendrá el trabajador si se cumple lo que se espera de él.

De lo que quiero hablarte es de la diversificación. En aquella época habíamos logrado tal grado de confianza con nuestros clientes que a veces nos pedían productos que no comercializábamos. Y como me habían enseñado que no hay que decir que no a nada, me buscaba la vida e intentaba siempre cubrir las necesidades de unos y otros. El problema es que nos estábamos convirtiendo en una especie de lámpara de Aladino: nos frotaban un poco, pedían un deseo... ¡y nosotros venga a correr para hacerlo realidad! Y peor aún: sin darnos cuenta estábamos perdiendo dos cosas muy importantes para nosotros: nuestra especialización, que nos había llevado hasta donde estábamos y había hecho que tuviéramos éxito en el mercado; y nuestra capacidad de análisis del día a día, importante para saber qué estábamos haciendo bien y qué estábamos haciendo mal. Medio Exterior había nacido en 1996 como una *task force* (fuerza comercial) especializada en la comercialización de soportes de publicidad exterior, es decir, comercializábamos básicamente vallas publicitarias de empresas locales ubicadas en todo el territorio nacional. Pero en 2002, fruto de no saber decir que no a nuestros clientes, nos encontramos haciendo otras dos actividades: a) Instalando vallas en lugares donde nuestros clientes querían anunciarse y no había. Así, además de comercializar vallas publicitarias de terceros, empezamos a tener vallas publicitarias de nuestra propiedad. b) Planificando y comprando campañas de publicidad al completo. A muchos anunciantes no les importaba si los soportes (vallas, oppis, etc.) los comercializábamos nosotros o no, ellos querían los mejores soportes con independencia de su propietario o comercializador. Así que empezamos a actuar como agencia de planificación y compra de medios, especializados en publicidad exterior. Fruto de esta demanda nos encontramos, por ejemplo, gestionando las cuentas publicitarias de Decathlon y Port Aventura, entre otros.

Tener tres actividades distintas (comercializadores *task force*, patrimonial y agencia) nos aportaba diversificación, pero a su vez una gran complejidad (había que gestionar tres modelos empresariales muy diferentes) y sobre todo una pérdida de especialización brutal. Después de pedir consejo y leer algunos libros sobre estrategia empresarial llegué a la conclusión de que para diversificar sin perder la especialización teníamos que separar las tres actividades en tres compañías diferentes. Fusionamos Medio Exterior (solo la actividad comercial *task force*) con dos competidores que tenían productos y estructuras comerciales complementarios: Publinieve (especializada en comercialización de soportes publicitarios en estaciones de esquí) y Publicom (especializada en la explotación publicitaria en kioscos de prensa). Se mantuvo el nombre de Medio Exterior porque era la que estaba mejor posicionada en el mercado. En la actualidad, la empresa está integrada dentro del grupo Concoris.

Las vallas publicitarias que teníamos en propiedad (actividad patrimonial) las traspasamos a la empresa Mira, que se dedicaba a lo mismo que nosotros, a cambio de participaciones en su sociedad. Y la actividad de agencia (planificación y compra) la concentramos en una nueva compañía denominada Outdoormedia. Decidí centrar mi actividad en ésta, que era la que más proyección nacional e internacional tenía. Fue duro renunciar a Medio Exterior, pues me había costado mucho esfuerzo crearla, pero tenía que focalizarme en una de las tres actividades. Esto es algo que un emprendedor debe asumir, le guste o no: a veces llega un momento en que tiene que desprenderse de la "criatura" que ha creado, de lo contrario se convierte en tu perdición.

De todo aquel proceso aprendí que para crecer hay que diversificar (clientes, canales, etc.), pero sin perder ni la especialización ni el foco. Es cierto que al final conseguí tres empresas especializadas en tres actividades diferentes, pero tuve que dedicar mucho tiempo y energía a poner cada cosa en su sitio. Y perdí mucho tiempo hasta que me di cuenta de mi error. Mi diversificación no fue fruto de una estrategia establecida, sino del error de no saber decir que no y adaptarme a mis clientes en vez de seguir mi hoja de ruta.

> **No puedes convertirte en alguien que hace de todo.**

La consecuencia de mi error es que dejas de aportar valor diferencial para aportar valor añadido. Y el valor añadido no te diferencia de los demás.

Querer abarcarlo todo tiene como consecuencia que perdemos un coste de oportunidad muy alto en nuestra actividad principal. Los ciclos económicos son cada vez más cortos, y si nos desenfocamos durante un ciclo "bueno" podemos perder una gran oportunidad.

> **La diversificación te hace perder la capacidad de análisis.**

Empresarialmente hablando, cada especialización, cada actividad, requiere un modelo de gestión diferente. Las actividades patrimoniales, por ejemplo, requieren mucha inversión y trabajan con mucho riesgo y mucho margen. En cambio, las actividades comerciales (*task force*) tienen márgenes medios con menor riesgo. Y las actividades de asesoramiento, planificación y compra (agencia) trabajan con mucho volumen y márgenes muy reducidos.

En la actualidad los clientes quieren y demandan interlocutores especializados. La digitalización, Internet, les permite tener más información y comparar con mucha facilidad. Tienen muy claro lo que quieren y esperan que su interlocutor sea un super-profesional muy especializado que les de información para tener más poder de decisión, que sea transparente, que les sorprenda y que les aconseje con ecuanimidad sobre la decisión de compra. Los clientes quieren comerciales, ejecutivos y profesionales muy especializados, por lo que nuestra organización debe ser igualmente especializada.

IDEAS EN ACCIÓN SOBRE DIVERSIFICAR:

- Diversifica tu actividad en diferentes tipos de clientes y canales de comercialización.
- No abandones tu área de especialización para contentar a unos y otros.
- No puedes convertirte en alguien que hace de todo.
- La diversificación te hace perder la capacidad de análisis.

DISEÑANDO UN PLAN: CLAVE 8

Al no prepararse, se está preparando para fracasar.
Benjamin Franklin.

Desde la focalización y la identificación inicial de talentos y habilidades, pasando por la transformación del modelo de venta clásica a expertos (eléctrico), hemos aprendido la importancia de centrar nuestra actividad en diferentes segmentos y diversificar en clientes vs. productos. Para ello, debemos diseñar un plan de acción comercial que resulte eficaz, calendarizar: debo establecer cuándo voy a afrontar cada uno de estos segmentos. Dar una estacionalidad clara. Segmentar es entender que hay que romper el mercado en trocitos. Al final el objetivo de cualquier comercial y más el del modelo experto, no deja de ser separar la gestión diaria del crecimiento. Cuidar, regar, alimentar, abonar los clientes que ya tengo sin que esto se coma el crecer. Y que luego puedas seguir teniendo unas horas al día para generar nuevos negocios, nuevos clientes y nuevas ventanas. Si no, cuando una persona llega por la mañana se centra solo en la gestión diaria y luego ya nunca tiene tiempo de crecimiento. A este respecto, cuanto más pequeña es la empresa, más problema hay, sobre todo para personas que trabajan solas, por ejemplo, pues cuando tienen mucho trabajo no generan nuevo negocio porque tienen mucha gestión diaria. Pero cuando se les acaba la gestión diaria, no tienen trabajo porque no han hecho nada. Esto que en un profesional independiente sería exponencial, para un comercial que trabaja para una compañía es lo mismo en mayor o menor escala.

En 2003, con 33 años, arranqué con un nuevo proyecto, Outdoormedia. Nuestra actividad consistía en planificar y comprar soportes publicitarios, una actividad con poco margen, por lo que necesitábamos mucho volumen. Desde Medio Exterior habíamos heredado dos grandes cuentas, Port Aventura y Decathlon, pero no era suficiente. En un mercado liderado por multinacionales, una compañía local e independiente como la nuestra tenía poca capacidad de negociación de compra si no conseguía tener mucho volumen. Tuvimos que diseñar y ejecutar un plan comercial que nos permitiera diferenciarnos de las multinacionales y transmitir al mercado el valor diferencial (no añadido) de un servicio completamente nuevo y desconocido, la planificación y compra de publicidad exterior. No solo teníamos que ofrecer nuestros servicios, sino también explicar sus beneficios, porque nuestro modelo de negocio era muy novedoso. Más que innovar, estábamos transgrediendo.

Es importante diferenciar entre innovar y transgredir. Un producto o servicio innovador es el que aporta un valor diferencial y el mercado tiene claro qué necesidad cubre. Un producto o servicio "transgresor" es el que innova tanto que el mercado no entiende qué necesidad cubre. En este segundo caso, tienes que hacer dos cosas: primero explicar los beneficios y el valor del producto/servicio y segundo venderlo. Si te adelantas mucho tienes que dedicar mucho tiempo a comunicar, a explicar tu producto. Si sales en el momento justo solo tienes que venderlo. Tu competencia se habrá encargado de la primera parte y tú solo tendrás que focalizarte en entender qué te diferencia de tus competidores y saber argumentarlo. Llegar en el momento justo es lo que algunos llaman suerte.

Nosotros diseñamos un plan comercial para explicar y vender un servicio completamente nuevo. Lo primero que hicimos fue segmentar el mercado. Decidimos que la segmentación por sectores era la más idónea para nosotros, pues nos permitía aprender de cada cliente de un mismo sector para escalar los resultados y optimizar el esfuerzo comercial. Lo segundo fue identificar los sectores que más nos interesaban, especialmente los emergentes, es decir, sectores que todavía no tenían un gran peso específico (y, por tanto, no estaban invadidos por nuestra competencia), pero que tenían un gran potencial de crecimiento. Una vez identificados los sectores *target*, determinamos el mes del año en que abordaríamos cada uno de ellos comercialmente.

Los pasos para crear un plan de acción comercial son tres:

1. Segmentar el mercado (por sector, área geográfica, tamaño de empresa, actividad, etc.). La segmentación siempre tiene que estar focalizada a los potenciales. Un potencial es aquel que no me conoce y no me compra. Con esta máxima, todo tu foco estará en hacer ver y entender a un segmento determinado del mercado que necesita lo que tú ofreces, pero no lo sabe. Como la necesidad ya existe, tu ratio de éxito será muy elevado.

2. Buscar un equilibrio entre segmentos consolidados y emergentes. Vivimos de los sectores o segmentos consolidados y no obstante los emergentes serán relevantes en breve, por tanto hay que tenerlos "muy" en cuenta. Todas las actividades y sectores viven ciclos al alza o a la baja. Estos ciclos no siempre van asociados a un ciclo económico general. Hay

sectores, por ejemplo, a los que les va muy bien en ciclos económicos negativos.

3. Calendarizar la acción comercial. Hay que tener en cuenta en qué momento del año cada sector o segmento tiene más necesidad del producto/servicio que nosotros comercializamos o tiene menos carga de trabajo.

Las empresas de un mismo sector tienen en común una estacionalidad y una serie de necesidades. Esto nos permite determinar qué momento del año es mejor para abordarlas y ofrecerles soluciones que cubran sus necesidades específicas. En función del tamaño del segmento, decidiremos si abordamos uno o más cada mes. Si durante un tiempo concreto (uno o varios meses) te dedicas a un segmento del mercado, acabas conociéndolo muy bien. El trabajo de investigación, identificación, cada experiencia de venta, visita o acción comercial te da más conocimiento para abordar la siguiente. Si, en cambio, te dispersas y vas saltando en un mismo periodo de un segmento a otro, tardas mucho más en conocerlo, identificar necesidades y cubrirlas.

Es importante señalar que la captación comercial no va unida a la decisión de compra. Sería muy pretencioso pensar que justo cuando decido abordar un cliente éste tendrá la necesidad y me comprará. El objetivo es estar siempre en su cabeza (*top of mind*), con un producto que cubra necesidades específicas de manera que cuando tenga la necesidad me contacte. Por tanto, el hecho de abordar un segmento específico en un mes concreto no garantiza que la decisión de compra se tome en ese mes. Eso sí, como la acción comercial está planificada teniendo en cuenta factores de temporalidad o actividad de cada segmento, sí tenemos más posibilidades de éxito que si no nos planificamos y sobre todo el plan comercial me garantiza crecer independientemente de mi día a día.

> **Si no tienes plan no tienes nada.**

Cada plan es una pieza de todo el engranaje. Todo tiene una causa y un efecto. Esa causa-efecto me permite que cuando pongo foco no haga nada que no me lleve a eso, a ese objetivo. Al final, lo que hay que evitar es que el tiempo se te vaya en cosas que no llevan a ningún sitio. Todo es una cadena en función de lo siguiente. Debes saber cuándo abordar cada segmento y no permitir que el mercado marque tu rumbo. Tienes que adaptarte al mercado, por supuesto, pero siempre focalizándote en lo que te interesa. Cada día hay que dedicar como mínimo una hora a este plan. Con la cabeza fresca y antes de los mails y gestión de incidencias, del día a día. No se puede posponer un nuevo negocio. Porque entonces llegará un momento que la gestión diaria te caerá debido a que no has generado nuevo negocio, que es la locomotora absolutamente de todo. Hay que hacer un calendario previo con los segmentos que hemos definido en la clave 5. No por el hecho de ponerlo en un calendario significa que lo vayas a hacer al 100%. Pero vas a hacer mucho más si lo tienes que si no tienes nada. El calendario, el plan, es el primer paso pero no es el definitivo. Cuando yo hago este calendario tengo un grado de ejecución del mismo máximo de un 50%. Y si te dedicas cada quince días o cada mes a un segmento, te especializas, te conviertes en un experto de ese segmento.

IDEAS EN ACCIÓN SOBRE DISEÑAR UN PLAN:

- Segmentar el mercado.
- Buscar un equilibrio entre segmentos consolidados y emergentes.
- Calendarizar la acción comercial.
- Si no tienes plan no tienes nada

POTENCIANDO TU MARCA: CLAVE 9

Mejorar es cambiar; ser perfecto es cambiar a menudo.
Winston Churchill.

Muchos nos focalizamos en lo que hacemos o lo que somos: abogados, comerciales, ejecutivos de cuentas, etc. Sin embargo, en la actualidad lo que hacemos o somos ha perdido relevancia. Hasta ahora, como ya sabemos ejecutar nuestra estrategia gracias a haber identificado nuestros talentos y habilidades, y haber diseñado un plan que diversifique la actividad, nos resultará relativamente sencillo identificar y potenciar nuestra marca, personal y empresarial. Hay que diferenciar claramente lo que uno sabe hacer de lo que hace, es un factor determinante en la era digital. Es muy importante en la era 4.0. Lo que uno hace es su cargo. Yo soy formador, consultor y conferenciante. Eso es lo que yo hago, pero no es lo que yo sé hacer. Yo soy Andoni Rodríguez de Galarza. Especialista en mejorar las ventas y la eficacia comercial de las organizaciones, mejorando su planificación y estrategia comercial, para captar, optimizar y fidelizar clientes B2B, en la era digital. Son cosas diferentes. Lo que hago no me diferencia de nadie, lo que sé hacer sí.

> **Ahora esto va de personas, no de empresas: lo que realmente importa es lo que sabemos hacer.**

Suelo decir en mis conferencias, formaciones y cursos, aunque reconozco que es un poco exagerado, que hoy en día el currículum no sirve para nada. La experiencia y la formación tienen mucha menos importancia que hace unos años. Quien más quien menos tiene ahora una carrera, dos masters y habla dos idiomas o tres. Lo que realmente cuenta es lo que la persona es capaz de hacer y aportar con su experiencia y formación.

> **El CV ha pasado a ser un simple aval.**

El CV o BIO es visto como un documento que en teoría avala lo que dices que eres capaz de hacer. En este nuevo contexto empresarial, donde lo que importa es lo que sabes hacer, la marca personal se ha convertido en un elemento clave. Ya no se trata solo de lo que eres, sino de cómo lo transmites.

Volviendo a mi historia profesional, que como ves me sirve de guía para explicarte las diferentes claves comerciales que he ido aprendiendo, cuando puse en marcha Outdoormedia en 2003 diseñé un plan de acción comercial y empecé a ejecutarlo. Un par de años después, fruto de este plan, ganamos la cuenta de Carrefour, entre otras, lo que nos exigió aumentar los recursos operativos en Madrid. Pero los resultados no eran del todo buenos. Hacíamos tres y hasta cuatro presentaciones al día y debido al alto grado de innovación que ofrecíamos teníamos que luchar a brazo partido para que nuestros clientes potenciales entendieran el valor diferencial que les aportábamos. Cuando analizamos los resultados, vimos que el esfuerzo y el tiempo invertidos no eran proporcionales a los resultados que estábamos obteniendo.

Después de un análisis en profundidad, la primera conclusión a la que llegué es que el mercado seguía anclado en un viejo modelo que les había funcionado hasta entonces y no acababan de creerse o entender la diferenciación de nuestros productos. Les decíamos y argumentábamos que teníamos un producto "brutal", pero no era suficiente para que cambiaran su modelo tradicional de planificación y compra y se pasaran al nuestro. Teníamos que ganar credibilidad y focalizarnos en lo que sabíamos hacer, no en lo que hacíamos.

Para ganar credibilidad trabajamos la marca empresarial. La empresa paso de llamarse "Outdoormedia, especialistas en publicidad exterior" a "Outdoormedia, especialistas en planificación y compra de publicidad exterior" (pues lo que sabíamos hacer era planificar y comprar publicidad exterior). También trabajamos la marca personal de cada miembro de la organización. Quitamos los cargos de las tarjetas y de las firmas de correo electrónico para poner lo que sabíamos hacer. De ejecutivos de cuentas, por ejemplo, pasamos a ser "especialistas en gestión de campañas publicitarias de éxito"; de planificadores a "expertos en planificar campañas publicitarias"; y así sucesivamente. En mi caso, dejé de llamarme director general para ser "uno de los mejores optimizando campañas de publicidad exterior". Puede parecer inmodesto, pero cuando se trata de generar valor para tu marca personal nunca debes quedarte corto por el miedo a lo que dirán.

> La marca personal es clave para mejorar la eficiencia y eficacia comercial ganando credibilidad.

Cuando hablamos de marca personal, hablamos de tu marca personal que te va a dar valor profesionalmente hablando. Marca personal significa reputación profesional y prestigio profesional. Para potenciarla, empieza por explicar lo que sabes hacer, lo que eres capaz de hacer con tu experiencia y formación. Y focalízate en aquello en lo que eres bueno/a y te diferencia de los demás. Si logras que tu marca personal transmita esto, tienes mucho ganado. En cambio, si no tienes marca personal no tienes nada. La mejor herramienta comercial del siglo XXI, y sin duda la mejor para transmitir nuestra marca personal, es Linkedin. Tal vez creas que no necesita estar en ella o no eficazmente, pero si no lo haces cometes un gran error. Deja de lado si la utilizas para trabajar o no, seguramente tus clientes sí la utilizan, y tienes que estar donde estén tus clientes. ¿Qué pensarán si te buscan y no te encuentran? ¿O lo que encuentran no les convence? Además, si no la utilizas tú, la utilizará tu competencia. En la mayoría de los casos en lo referente a la marca personal, usamos de forma incorrecta Linkedin. Debajo de nuestro nombre tenemos que poner nuestra marca personal, no nuestro cargo. En mi caso tengo esto:

Andoni Rodríguez de Galarza. Especialista en mejorar las ventas y la eficacia comercial de las organizaciones, mejorando su planificación y estrategia comercial, para captar, optimizar y fidelizar clientes B2B, en la era digital.

Si te dedicas al *coaching*, por ejemplo, en lugar de utilizar la palabra *coach* como marca personal te resultará infinitamente más efectivo poner "especialista en...", "experto en...", "profesional de...", "uno de los mejores en...", etc.

Marca personal=lo que tú dices de ti.

> **Los cargos pasan y la experiencia queda.**

Marca personal es lo que tú dices de ti, la comunicación que tú haces de ti mismo hacia los demás. La reputación digital es lo que los demás dicen de ti en el mundo digital: recomendaciones en Linkedin, etc. Y la marca digital es la suma de las dos. Para cualquier persona hoy en día ya no le es suficiente una marca personal. Porque al final vale más lo que dicen de ti que lo que tú dices de ti. La marca personal es eso que se mantiene independientemente del trabajo que tengas, de las circunstancias. La marca personal también te aportará mucho en tus acciones de networking o cuando hagas un *elevator pitch*. Por cierto, hacer networking no es ir con una tarjeta en la boca esperando sacar negocio de cualquier persona a la que conozcas. El networking[6] es dar más de lo que te dan, ayudar incondicionalmente.

Linkedin es la herramienta número uno para comunicar la marca personal y digital de las personas. Linkedin entiende que tu marca personal no va a cambiar. O van a cambiar tus circunstancias pero nunca va a cambiar tu marca personal. Tú eres un experto, un especialista, un profesional en un determinado sector trabajes o no trabajes, tengas clientes o no los tengas. Optimizar la presencia en Linkedin no es fácil. Hay que generar el máximo valor añadido en cada una de las partes que conforman el perfil para que el resultado sea una marca personal potente y diferencial (insisto: es importante convertir el valor añadido en valor diferencial). Linkedin tiene diferentes partes y es muy importante entender que

---

[6] Técnica: Nunca comas solo (Keith Ferrazzi)

cada parte de Linkedin genera un poco de valor añadido sobre tu marca y la suma de todas es el valor diferencial que tú generas. Qué hacer en las diferentes partes de un perfil de Linkedin:

1. Parte de formación. Hay que unirla a lo que sabes hacer. Si has estudiado Psicología y eres un experto en soluciones a medida, en la parte de formación pon algo así como: "Mis estudios de Psicología me aportaron una gran habilidad para empatizar con los clientes y entender cómo puedo cubrir sus necesidades". Conectar lo que has estudiado con lo que haces, aunque no tenga nada que ver. Darle sentido y darle, además, causa-efecto.

2. Parte de experiencia. Focalízate en cómo ésta te sirve para innovar y lo que puedes aportar al mercado con dicha innovación. Hay que transmitir que la experiencia es acumulada, no repetida. Hoy en día tener experiencia de más de tres o cuatro años en un mismo sitio haciendo lo mismo se considera que ya está bien. Entonces es muy importante que si has estado más de cinco años haciendo lo mismo lo separes en partes según los trabajos que has realizado en esa misma empresa. Si has estado diez años en una misma empresa, sepáralo en dos. Como Linkedin identifica la misma empresa pondrá que has estado diez años pero lo separa en etapas de cinco, pasando la experiencia repetida acumulada. No es lo mismo la experiencia repetida que la experiencia acumulada.

3. Parte de proyectos. Debes transmitir tus habilidades y talentos. Además de indicar en qué proyectos has partici-

pado, procura que se vea que eres capaz de gestionar las cosas de principio a fin, independientemente de que en tus funciones cotidianas formes parte de una cadena. Que tienes un talento y una capacidad de abarcar todo el proceso de un tema.

4. Contactos. Hay muchas opiniones. Soy de los que piensan que cuantos más contactos tengas, mejor. Nunca sabes a quién puedes necesitar en un momento dado. Linkedin es una red profesional, no es una red para hacer amigos, sino para relacionarte a nivel laboral. Y cuanto mayor sea tu red, más oportunidades potenciales tienes. Linkedin te permite tener treinta mil contactos. Hasta los treinta mil, acepta a quien sea (coherentemente), porque tú nunca sabes quién te va a poder ayudar o a quién vas a poder necesitar en un momento determinado. Entiendo que no aceptes a alguien que te quiere vender algo claramente, pero al resto, acepta a todo el mundo.

El radar de Linkedin. Una opción que te permite contactar con toda la gente que tiene el radar abierto. En las ferias, las conferencias, todo el mundo activa el radar cuando entra. Sirve para generar contactos de calidad y aumentar tu red.

También es importante que pongas tu código QR de Linkedin en presentaciones y demás para facilitar el contacto contigo.

5. Recomendaciones. Cuantas más tengas, mejor, lo que digan de ti, te ayudara a construir tu reputación digital, que conjuntamente con tu marca personal te ayudara a tener una buena marca digital.

En resumen, en Linkedin hay que transmitir formación, experiencia, talento y habilidad, que tienes una red profesional extensa y sobre todo una buena actitud. Todo ello hay que sintetizarlo en el extracto. Marca personal es lo que tú dices de ti hacia el mundo. La reputación o identidad digital es lo que dicen de ti a través de recomendaciones, etc. Y la suma de ambas cosas es la marca digital. Es muy importante entender que estamos en un contexto en que la digitalización va a una velocidad de vértigo y por lo tanto todo el mundo ha de ser capaz de compaginar las dos, la marca con la reputación; ser capaz de decir cosas buenas de uno mismo pero también ser capaz de que los demás digan cosas buenas de él. Estamos en un momento en que el cliente no es quien te compra, sino quien te recomienda. Con lo cual si tú no tienes una buena marca digital no te van a recomendar. Uno solo recomienda a gente buena que tiene una credibilidad. Vete más allá de la marca personal construyendo marca digital.

Linkedin tiene una herramienta[7] que te permite saber cómo evoluciona tu marca digital y sobre todo cómo está comparativamente con el resto del mercado.

Tienes que tener Linkedin abierto para que funcione.

IDEAS EN ACCIÓN PARA POTENCIAR TU MARCA:

- Lo que realmente importa es lo que sabemos hacer, no lo que haces.
- El CV ha pasado a ser un simple aval.

---

[7] Herramienta: Social Selling index (https://www.linkedin.com/sales/ssi)

- La marca personal es clave para mejorar la eficiencia comercial ganando credibilidad.
- Vete más allá de la marca personal construyendo marca digital.

JUGANDO EN EQUIPO: CLAVE 10

El ego es el asesino definitivo en un equipo.
Patrick Lencioni.

Jugar en equipo resulta clave para asentar los preceptos anteriores. Habiendo aprendido a combinar vidas y a diversificar la actividad en diferentes canales, hemos logrado tener un plan y potenciar nuestra marca. Pero un individuo en solitario nunca trabaja tan bien como lo hace en equipo. A veces puedes caer en la tentación de pensar que puedes con todo. Incluso de creer que si no lo haces tú todo, no saldrá bien, porque nadie mejor que tú sabe cómo va tu puesto, negocio o empresa. Esta creencia, por supuesto falsa, te puede llevar a cometer errores terribles e irreparables. El principal es querer abarcar más de lo que debes o puedes, algo que tarde o temprano acabará pasándote factura en forma de bajada del rendimiento y, en caso extremo, pérdida de la salud. En esta clave 10 pretendo reflexionar sobre la importancia de entender que cada uno de nosotros somos de una manera diferente, tenemos talentos y habilidades diferentes y, en consecuencia, tenemos que complementarnos entre nosotros para encontrar la excelencia.

Algo parecido me pasó hacia 2006, cuando los esfuerzos de Outdoormedia por generar valor y credibilidad dieron sus frutos y nos posicionamos en el puesto número 11 (según Infoadex) del ranking nacional. Mi sensación era la de estar en una pecera llena de tiburones (o sea, de multinacionales) tratando de evitar que alguno me comiera. El esfuerzo que tenía que hacer para mantenerlos a raya era titánico. Para competir con las multinacionales tomamos la decisión de internacionalizarnos, pero tratando, en la medida de lo posible, de no perder nuestra independencia, que era sin lugar a dudas uno de nuestros elementos diferenciadores. Teníamos dos opciones: la venta o las alianzas estratégicas.

Estuvimos negociando una posible venta con tres multinacionales, pero aquella opción nos hacía perder la independencia y en consecuencia nuestro valor diferencial. Así que nos inclinamos por buscar alianzas con empresas homólogas que operaban en otros países y se enfrentaban a la misma necesidad de internacionalizarse debido a que eran independientes. Hicimos un trabajo de búsqueda e identificamos (vía Linkedin) de dos empresas por país a las que presumiblemente les podría interesar llegar a un acuerdo de colaboración global. Hice las maletas (literalmente hablando) y me pasé varias semanas viajando, reuniéndome con las empresas candidatas y valorando las diferentes alternativas de colaboración hasta que escogimos una por país.

A los seis meses habíamos creado una *jointventure* a la que llamamos International Out Of Home (IOOH). Alguien podría decir, tal vez con razón, que no me estrujé mucho el cerebro con los nombres de las empresas: la primera Medio Exterior, la segunda Outdoormedia (o sea, "medio exterior" en inglés británico) y la tercera Out Of Home, que significa "medio exterior" en inglés americano. Al final, las tres cosas significan lo mismo: publicidad exterior. El caso es que a mí me gustaban. Además, siempre me ha parecido interesante, aunque no imprescindible, que los nombres transmitan de alguna forma lo que haces. Si estás enfocado a clientes potenciales que te necesitan y no lo saben, cuanto más claro todo mejor (siempre que sea posible, claro).

Actualmente me encuentro con muchos emprendedores que ponen a sus empresas nombres muy bonitos pero que no guardan ninguna relación con la actividad de su empresa o con la utilidad de su producto. Discuto mucho con ellos sobre esto, pues soy de la opinión de que poniendo un nombre obvio te ahorras mucho esfuerzo a la hora de explicar qué ofreces. En cambio, cuando le pones un nombre llamativo pero totalmente neutro, tienes dos trabajos: primero explicar lo que haces (si es que te dan la oportunidad) y luego venderte y vender tus productos-servicios.

International Out Of Home (IOOH) basaba su modelo en crear sinergias comerciales y de innovación entre sus miembros para hacernos más competitivos, captar cuentas internacionales e intercambiar clientes. Creamos una sede central en Londres que coordinaba todas las operaciones y realizaba acciones comerciales sobre clientes multinacionales. El modelo era muy sencillo: si el socio alemán necesitaba una campaña de publicidad en España para un cliente alemán, nosotros se la hacíamos y el margen se repartía entre el "propietario" del cliente (Alemania) 40%, el que ejecutaba la campaña (España) 40% y la *jointventure* IOOH 20%, que tenía los costes estructurales de la oficina de Reino Unido. Los modelos simples son lo que mejor funcionan. A menudo tendemos a complicarlos la vida con modelos de colaboración súper complejos que para lo único que sirven es para dificultar la operativa diaria y, en consecuencia, perder competitividad.

En 2007 pusimos en marcha la *jointventure* IOOH, que nos permitió llegar donde no podíamos llegar solos y competir con las grandes multinacionales del sector. Lo cual no fue tampoco fácil, todo hay que decirlo, porque cuando trabajas con un equipo formado por personas de diferentes nacionalidades y con maneras de trabajar tan diferentes hay que buscar la manera de complementarse para ser lo más eficientes posible. Cuando teníamos que hacer acciones comerciales conjuntas o tomar decisiones estratégicas las cosas se complicaban mucho, recuerdo reuniones interminables debatiendo sobre temas para mí obvios. Así que, para optimizar los conocimientos, la experiencia y la formación de cada uno pasamos de la jerarquía a la holocracia.

La holocracia consiste en montar equipos de trabajo específicos (independientemente de la jerarquía) para objetivos concretos como abrir mercado en un país, mejorar el nuevo negocio, etc.

> **Debemos montar equipos de trabajo enfocados a proyectos y a la obtención de unos resultados muy concretos.**

Para que los equipos funcionaran bien, de forma equilibrada y eficaz, nos apoyamos en la técnica del Insights Discovery®, una técnica que consiste en clasificar a las personas en cuatro colores: rojo, azul, amarillo y verde, según sus características de personalidad predominantes:

—Rojo, emprendedores o intraemprenedores puros: competitivo, exigente, determinado, voluntarioso.

—Azul, gestores puros: cauteloso, exacto, deliberado, formal y analítico (Directores Generales).

—Amarillo, *happy flowers*: social, dinámico, convincente, entusiasmado y expresivo.

—Verde, metódico, interesado, motivador, generoso, descontraído y amable (directores financieros, RRHH).

Cada uno de nosotros somos un color concreto aunque podamos tener parte de otro color. No podemos pretender ser buenos en nuestro color y en el color del otro porque eso nos va a llevar al fracaso. Por poner un ejemplo muy pragmático, los emprendedores son rojos. Y el 80% de emprendedores fracasan al montar una empresa al cabo de dos años. ¿Por qué? Porque en el momento que tienen que gestionar, en el momento que necesitan el lado azul, se van a pique. Porque además en este país existe la creencia de que el que es bueno haciendo páginas web, es bueno gestionando una empresa de páginas web. El que es un buen *coach* literario, es un buen gestor de una empresa de *coaches* literarios. Y eso no es así. Son cosas completamente diferentes. Son habilidades distintas. Pero se confunden. Y ahí tienen mucha culpa las instituciones porque como buscan la estadística y lo que quieren es montar muchas empresas llevan al abismo a muchísima gente sin ningún sentido.

Después, según los proyectos que queríamos activar (nuevo negocio, nuevos socios, mejora de las herramientas internas, etc.), formábamos equipos con perfiles complementarios, independientemente de su posición jerárquica. Gracias a esto, todo cambió y los resultados fueron espectaculares. La clave no solo estaba en que cada uno hacía lo que mejor se le daba, sino también lo que más le gustaba hacer ("casualmente" eran lo mismo). Además, la actitud y el ambiente de trabajo mejoraron mucho. Y es que cuando haces lo que te gusta, cada día es viernes. Pero una cosa son la jerarquía (poder vertical) y la redarquía (poder horizontal en red), y la suma de ambas, algo muy diferente, es la holocracia (poder de todos). Cuando Google trabaja con el sistema de holocracia, lo primero que hace es entender que en los equipos de trabajo tienen que haber personas de diferentes colores. Si tú desmiembras la palabra Google, las dos primeras letras son una azul y otra roja. ¿Por qué? Porque Google tiene la creencia máxima que en un equipo de trabajo tiene que haber como mínimo un azul y un rojo. Luego si sigues leyendo, aparece un amarillo y un azul. Como diciendo, bueno si no tengo un azul y un rojo, acepto un amarillo y un azul y, por último, si no queda más remedio aceptamos un verde con un rojo. Pero siempre es uno de cada lado. Que se complementen. Porque imaginaos tres rojos liderando un proyecto: un drama, en la primera curva se salen. Y tres azules: un aburrimiento absoluto, la alegría de la huerta, mucho Excel, ppt, pero ¿quién se remanga? Es importante entender que rojo no solo significa emprender para montar una empresa. Rojo es capacidad de creación, de emprendimiento y se puede emprender dentro de una propia empresa (intraemprendedor). El interemprendedor también es rojo. Lo que interesa es que los rojos entiendan que siempre tienen que complementarse con un azul. Porque los rojos por norma general siempre piensan que lo pueden hacer solos. Sin embargo, los azules constantemente buscan rojos a su alrededor que les den ideas, impulso y la energía que necesitan para hacer las cosas.

La técnica de la holocracia apoyada por el Insights Discovery® H+ID[8], consiste en establecer unos objetivos muy concretos y con plazos de ejecución cortos (o sea, proyectos de 3 a 6 meses como máximo) y escoger las personas más

---

[8] Técnica: Insights Discovery®+Holocracia (ID+H)

cualificadas de la organización para llevarlo a término sin tener en cuenta jerarquías, nacionalidades o responsabilidades. En esta elección hay que tener en cuenta de qué color son, según el Insights Discovery®, y formar equipos procurando que al menos haya una persona de cada color y que no haya muchas del mismo color. Para identificar bien el color de cada persona visualiza cuando tiene un mal día y te resultará infinitamente más fácil.

—Rojo: emprendedor, agresivo, rígido, obstinado, intolerante y autoritario.

—Azul: gestor, distante, frío, suspicaz, indeciso y pesado.

—Amarillo: indiscreto, frenético, extravagante, desenfocado y superficial.

—Verde: lento, flojo, sumiso, confiado y obstinado.

Los rojos y amarillos trabajan muy bien con los azules y verdes, pero si pones dos rojos juntos la discrepancia está asegurada, mientras que si pones dos azules juntos no avanzas. Cada color tiene sus rasgos característicos, aunque estos rasgos varían, lógicamente, si la persona tiene un buen día o un mal día, pues todos sufrimos variaciones de estado de ánimo.

Todos los modelos empresariales que han tenido éxito tienen un denominador común: están co-dirigidos por un rojo/amarillo y un azul/ verde.

Podemos ver esta combinación en Inditex, Desigual, etc. Es decir, un perfil más creativo, decidido y sociable junto a otro más analítico, reflexivo y distante. En nuestro país existe el error generalizado de pensar que todos los emprendedores son buenos empresarios. Por ejemplo, si eres bueno haciendo páginas web, serás bueno dirigiendo una empresa de webs. Pero eso no es así.

> **Una cosa es emprender, tener ideas, capacidad creativa (rojo y amarillo), y otra cosa muy distinta tener capacidad de gestión (azul y verde).**

Colaboré con una compañía que se llama Taymory. Son muy buenos en el segmento de la ropa deportiva. El que era su director general, Javier Lozano, tiene un perfil rojo puro. Su capacidad para crear productos y estrategias es asombrosa. Sin embargo, cuando llegaba el momento de gestionar le faltaba focalización, como a tantos otros rojos. Por eso, es muy importante para ellos complementarse con un perfil azul. Cuando un emprendedor inicia un proyecto empresarial, el 100% del tiempo lo dedica a crear, pero normalmente llega un momento en que la gestión tiene más peso que la creación. Por contra, cuando una empresa va rodada y tiene un gestor al frente, también necesita de vez en cuando "chutes" de creatividad que la pongan al día, que aporten aire fresco y que le permitan adaptarse a los cambios del mercado y avanzar. Tan malo es lanzarse a lo loco como estancarse.

Recuerda el logotipo de Google incluye los cuatro colores, con lo que nos transmiten que buscan la pluralidad en la forma de trabajar. Tampoco es una casualidad el orden de los colores: los primeros son el azul y el rojo, que deben estar presentes en todos los equipos de trabajo para que estén equilibrados.

> **Pregúntate qué color eres y busca el complemento que necesites.**

Porque, como reza un proverbio chino, "si caminas solo irás más rápido, pero si vas acompañado llegarás más lejos".

IDEAS EN ACCIÓN PARA JUGAR EN EQUIPO:

- Debes montar equipos de trabajo enfocados a proyectos específicos y a la obtención de unos resultados muy concretos en plazos de tiempo cortos.
- Todos los modelos empresariales que han tenido éxito tienen un denominador común: están co-dirigidos por un rojo/amarillo y un azul/verde.
- Una cosa es emprender, tener ideas, capacidad creativa (rojo y amarillo), y otra cosa muy distinta tener capacidad de gestión (azul y verde).
- Pregúntate qué color eres y busca el complemento que necesites.

GANANDO PERSPECTIVA: CLAVE 11

Nunca permitas que tus pies vayan por delante de tus zapatos.
Proverbio escocés.

La vorágine del día a día no nos deja ver más allá. A menudo es imprescindible ganar perspectiva, sobre todo cuando ya se ha focalizado, fragmentado el mercado, ejecutado una estrategia, diseñado un plan, potenciado tu marca y trabajado en equipo con la máxima capacidad de gestión y eficiencia. Por eso, de vez en cuando, hay que parar y mirar las cosas desde otra perspectiva. A mí me costaba mucho hacerlo. Siempre prefería la acción, poner en marcha proyectos, buscar clientes, hacer, hacer, hacer... Ahora, con el paso del tiempo, me pregunto cómo no me daba cuenta de cosas tan obvias como que necesitaba personas a mi lado que me complementaran para poder seguir evolucionando empresarialmente. Porque no es ciego el que no ve, sino el que no tiene la capacidad de ver.

En abril de 2008, en plena vorágine profesional y empresarial, empieza la segunda etapa de mi vida que denomino "del éxito al fracaso (2008 al 2013)", en la que se produjo uno de los momentos que sin duda más ha afectado a mi vida, personal y profesionalmente hablando. Llamo a ese momento "el silencio". La inversión publicitaria había caído un 60% en solo tres meses, debido a la recién llegada "crisis". Yo desconocía que lo primero que anulan las compañías en épocas de crisis son los gastos variables. Todas las empresas que habían asignado presupuesto publicitario para el 2008 lo mantuvieron el primer trimestre, pero automáticamente todas las compañías lo cortaron todo, "todo", a 1 de abril de 2008. Todavía hoy, cuando lo recuerdo se me pone la piel de gallina. Suelo explicarlo en mis conferencias y no puedo evitar que por un instante se me corte la respiración. Sucedió así. Llegué a la oficina a media mañana después de una reunión con un cliente. Para llegar hasta mi despacho tenía que atravesar toda la oficina. Como siempre, entré hablando por el móvil, recuerdo que comentando con mi socio inglés la reunión que acababa de tener con un anunciante internacional. A medio camino noté algo extraño y me paré. Callé, me aparté el teléfono de la oreja y escuché. No se oía nada. Había un silencio como de cementerio. No sonaba el teléfono. Estaba acostumbrado a hacer aquel recorrido siempre con mucho ruido de fondo, con ecos de conversaciones y timbres de teléfonos sonando sin parar. Por un momento pensé que no iba la centralita. Miré alrededor y pregunté a alguien, no recuerdo a quién: "¿Qué pasa, no funcionan los teléfonos?". Respuesta: "Sí, pero algo no va bien, Andoni. No entran correos ni llama nadie". Me quedé helado. Y tardé todavía un tiempo en entender lo que estaba sucediendo.

La explicación ahora resulta sencilla: el mercado publicitario se paró en seco. Atoro pasado resulta fácil de entender: las empresas habían hecho sus previsiones para invertir en publicidad en 2008, pero el primer trimestre fue terrible. La crisis, por llamar de alguna forma al cúmulo de cosas que sucedieron en cadena, entró de golpe y todas las previsiones de inversión publicitaria del segundo trimestre se bloquearon. Para los que no conozcan el sector, hay que explicar que la inversión en publicidad, a diferencia de otros gastos, es muy fácil de parar. Cuando bajan los ingresos, las empresas recortan gastos, empezando por lo que entraña menor dificultad (publicidad, comidas, viajes, eventos) y acabando, cuando no hay más remedio, con lo que tiene peores consecuencias (desvinculaciones, cambio de oficinas). Todo lo que es variable, se para.

Aquel día de abril de 2008 fue sin duda el inicio de una de las peores etapas de mi vida: pérdida de clientes, impagados, cuentas de resultados negativas, pérdida de imagen, despidos, deudas… Se juntó todo. Me torturaba preguntándome: "¿Cómo no lo has visto venir?". Pero mi día a día no me dejaba ver nada, no tenía perspectiva. No era fácil prever el momento exacto ni la magnitud del golpe, pero estaba claro que en algún momento el sector publicitario entraría en crisis, porque en economía las crisis son cíclicas, había pasado lo mismo en 1992 y seguirá pasando.

Si hubiera cogido un poco, solo un poco de perspectiva, me habría dado cuenta de lo que venía, lo habría podido prever. Y me habría cogido con menos estructura y menos inversiones Y, por supuesto, no me habría cambiado de oficinas justo en el 2007.

> **No puedes dejarte arrastrar siempre por el día a día. En algún momento tienes que parar, ganar perspectiva y visualizar las cosas a medio y largo plazo.**

Entiendo que no es fácil, sobre todo cuando vives momentos de bonanza como los que tuvimos antes de la famosa crisis (cambio estructural). La sensación es que lo "normal" es crecer y crecer. Te instalas en una situación que no parece tener fin. Pero en la naturaleza, en la vida, todo es cíclico. Aprendes que no has hecho algo bien. Eso que pasó yo debía saber que iba a pasar. Si una crisis te pilla con los deberes hechos, con la estructura y recursos humanos y técnicos correctos, y en un momento dado, no pasa absolutamente nada. A mí me pilló con oficinas en Londres, con oficinas en Madrid, con veinticinco trabajadores… me pilló en un momento en que aquello era imposible de gestionar. En definitiva, es muy importante que ganemos perspectiva. Anticipación, verlas venir, tener visión de futuro.

Es inevitable que las cosas cambien. No es bueno ni malo. Serrat tiene una canción que dice "Nunca es triste la verdad. Lo que no tiene es remedio". No puedes ver un muro cuando lo tienes a un palmo de la cara. La única posibilidad de verlo (y de no chocar con él) es pararte y alejarte para tomar perspectiva. Como sé, por propia experiencia, que es difícil, te aconsejo que te rodees de personas externas a tu organización que te aporten esa perspectiva, ese punto de vista sereno y menos implicado. Esa es en gran medida mi actividad actual, como la de otros consultores, *coaches*, mentores, etc.: ayudar a organizaciones y profesionales en su toma de decisiones desde afuera, desde la absoluta racionalidad. A menudo, cuando explico a mis clientes lo que veo desde fuera, exclaman algo que me resulta familiar: "¡Cómo no me he dado cuenta de esto, es tan obvio!". Su día a día no les deja ver. Por eso, cuando alguien me pregunta exactamente en qué consiste mi trabajo como consultor le respondo: "En abrir los ojos a la gente".

> Los ciclos económicos cambian y tienes que estar preparado para ello.

Estar en un mal ciclo económico no es malo, lo malo es no estar preparado para afrontarlo o no adaptase con la rapidez necesaria. Hay oportunidades tanto en los ciclos buenos como en los malos, lo importante es que no tomes decisiones importantes como ampliar tu estructura, endeudarte o asumir riesgos sin ser pleno conocedor del momento en el que estás. Hace falta ponerse las pilas, dejarse de quejas y empezar a trabajar mañana mismo. Porque las cosas volverán a cambiar. Pero los periodos de cambio son inevitables.

Hay que diferenciar entre crisis y cambio estructural. Una crisis es reversible, mientras que un cambio estructural no. Ante una crisis tenemos que esperar a que las cosas vuelvan a ser como eran, mientras que ante un cambio estructural tenemos que adaptarnos y adoptar nuevas estrategias. Hay que tener claro, por tanto, si lo que vives es una crisis puntual o un cambio de fondo.

El ciclo económico que vivió España entre 2007 y 2014 duró más de lo que tenía que haber durado, entre otras cosas, porque la gente pensó (o así nos lo hicieron ver) que era una crisis. Recuerdo a los medios de comunicación en los años 2010 y 2011 diciendo "ya se ve la luz al final del túnel". Pero no era un túnel, sino una nueva carretera. España vivió un cambio estructural en toda regla y las empresas y profesionales tuvimos que adaptarnos. Algunos todavía no se han dado cuenta, pero el cambio en el mercado ha sido enorme. Hemos pasado, por ejemplo, de vender por precio a vender por valor. El mercado ya sabe cuál es el precio mínimo que puede pagar por algo. De hecho, muchos nos encargamos de comunicarlo a gritos durante los años del ciclo negativo.

> **Ahora hay que focalizar la estrategia en el valor, no en el precio.**

Las multinacionales juegan muy bien con los ciclos. Se adaptan creciendo en unos países mientras en otros decrecen. Cuando decrecen, ganan clientes que les dan poca rentabilidad y los optimizan cuando crecen. Para los pequeños, es muy difícil competir contra empresas cuya estrategia es conseguir clientes a toda costa, incluso perdiendo margen. No obstante, tú también puedes ser competitivo en ambos ciclos, tanto buenos como malos, independientemente del tamaño de tu organización. Lo que tienes que tener muy presente es que en ciclos económicos bajos tus interlocutores primarán el precio por encima de todo, pero aun así les tienes que dar el máximo valor diferencial al mínimo precio. En ciclos buenos tus interlocutores primarán el valor y el retorno, y darán por hecho que están comprando al mejor precio del mercado.

IDEAS EN ACCIÓN PARA GANAR PERSPECTIVA:
- No puedes dejarte arrastrar siempre por el día a día.
- Los ciclos económicos cambian y tienes que estar preparado para ello.
- Ahora hay que focalizar la estrategia en el valor, no en el precio.
- En algún momento tienes que parar, ganar perspectiva y visualizar las cosas a medio y largo plazo.

AFRONTANDO MIEDOS: CLAVE 12

Solo hay dos errores que uno puede cometer a través del camino a la verdad; no avanzar todo el camino y no empezarlo.

Buda.

El camino para conseguir integrar las quince claves está llegando a sus últimos recodos. Ganando perspectiva y jugando en equipo, combinando vidas, ejecutando estrategias y diseñando un plan, diversificando la actividad y potenciando la marca, focalizando en la estrategia adecuada, es lógico que aparezcan miedos. Los meses que siguieron a aquel funesto abril de 2008 fueron durísimos. Cada día era una pesadilla, no pasaba nada bueno. Un día perdíamos un cliente, otro teníamos un impagado, otro un cliente presentaba concurso de acreedores… Recuerdo entrar cada día en la oficina pensando: "A ver qué desgracia toca hoy". Lo más difícil no fue, en realidad, gestionar la pérdida de facturación y en consecuencia de ingresos. Lo más difícil, con diferencia, fue soltar lastre, reducir estructuras, reducir oficinas, eliminar todos los gastos fijos y variables que no eran indispensables para adaptarnos a la pérdida de ingresos. Como no había previsto lo que iba a pasar, tenía una estructura inadecuada. Con los años he aprendido que después de una época de vacas gordas siempre viene la desaceleración y, a continuación, lo que comúnmente conocemos como crisis, que como digo no es algo bueno ni malo, todo depende de lo preparado que te pille.

Aquel año y el siguiente, 2009, me sentí a menudo frustrado, impotente. Por mucho que trabajaba, por muchas horas que invertía, era incapaz de revertir la situación. Mi éxito se estaba derrumbando. Cuando digo éxito no me refiero a dinero, sino más bien a mi orgullo de emprendedor, de empresario, a lo que mi padre entendía por éxito: llevar corbata, levantarse cada día a las seis de la mañana, ir como un pollo sin cabeza, siempre al móvil, estresado, hecho polvo y llegar a casa a las diez de la noche. Cada día perdía un trocito de aquello que me había costado tanto crear. Decidí, de forma inconsciente, buscar el éxito en otra parte, en algo que sí pudiera controlar, que solo dependiera de mí. Así fue como me compré unas zapatillas de correr y me dio por imitar a Forrest Gump. Me apunté a un club de running (PIRI CEVM), empecé a entrenar y entré en una rutina de mejora constante. Después de algunas pruebas de corta distancia (Burriac Atac, Olla de Nuria, etc.) afronté mi primer gran reto deportivo, Las Dos Caras del Aneto, una prueba de montaña preciosa de 80 km de distancia con 4.000 metros de desnivel acumulado. Era un reto importante, sobre todo porque no había avituallamientos y cada uno tenía que llevar su propia comida y potabilizar su agua. Y no solo la acabé, sino que me animé a hacer otras pruebas igual de desafiantes.

Aunque no me daba cuenta, el deporte también era una huida. Como no quería o no podía afrontar lo que me estaba pasando, buscaba la satisfacción en otra parte.

> **Uno no puede huir de las cosas: tarde o temprano te atrapan.**

Y cuando lo hacen te aplastan como una apisonadora. A mí lo que me daba miedo realmente es que no estaba teniendo éxito. Yo lo que tenía que haber sido es humilde, honesto, y haber recogido las velas mucho antes de lo que las recogí. Y si no lo hice antes es porque no quería dejar de tener éxito. No quería reconocer el fracaso ni ante mí ni mucho menos ante todos los demás. Defender el éxito, aunque esta defensa absurda a ultranza del éxito nos conduzca al fracaso más estrepitoso. Defender el éxito, cuando sabes que el éxito te lleva a la destrucción. Pero es la no aceptación del fracaso.Y en última instancia, la no aceptación de la realidad. Por tanto, negamos la realidad e imponemos un éxito forzado a una situación de fracaso que se ve clara. Forzamos las circunstancias artificiales del éxito. Le ponemos respiración asistida al fracaso como alguien que no quiere que muera un cuerpo que está muriendo. Cuando lo que hay que hacer es dejar morir en paz y cambiar.

> Tienes que enfrentarte a tus fantasmas y plantarles cara.

Lo que me negaba a afrontar, en realidad, era que mi idea de éxito no era válida. Todos tenemos creencias, producto de la educación que recibimos, que debemos afrontar y cambiar en algún momento. A mí, como a muchos de mi generación, me educaron desde la creencia de que el éxito era vestir traje y corbata e ir de reunión en reunión, de viaje en viaje, siempre ocupado y estresado, madrugando mucho y llegando tarde a casa después de un día sin parar. No había espacio para el disfrute, todo era trabajar, trabajar y trabajar, a todas horas y con la máxima auto exigencia, para crecer, crecer y crecer. Esa creencia era mi fantasma, un fantasma socialmente avalado por películas, informativos, revistas, etc. Por eso me costó Dios y ayuda enfrentarme a él, porque hacerlo era de alguna forma auto excluirse de lo socialmente establecido, de lo que se consideraba "tener éxito en la vida". Tenía miedo de sentirme rechazado. Por eso tardé mucho en cogerlo por el cuello y decirle que mi éxito no era el suyo, que el mío consistía más bien en disfrutar con lo que hago, sin tanta presión y sin tanta ambición material. De haberlo hecho antes, probablemente habría creado una empresa más pequeña, con menos estructura, sin grandes clientes ni gran-des cifras, pero más a la medida de las personas. Esto, que también es éxito, me habría permitido disfrutar y vivir otras cosas más importantes que llevar corbata.

Para avanzar tienes que afrontar tus miedos y superarlos, no hay otra. Y si eso implica cambiar, pues cambiar y adaptarte. Actualmente estamos viviendo un cambio de época que asusta a muchos profesionales y empresarios. No es una época de cambios, como creen algunos, sino un cambio de época. Y es normal, pues la evolución forma parte de la vida. Vivimos en evolución constante, en cambio constante. Como personas, como sociedad y como especie. Este cambio de época viene con tres fantasmas que ya rondan por nuestras vidas y nuestras empresas. Son el valor diferencial, la transformación digital y la actitud ante el trabajo. A través de mi experiencia diaria digitalizando procesos comerciales y mejorando la eficiencia y eficacia de las organizaciones desde las personas me he dado cuenta de que el primero es el que más asusta y más poder tiene. La venta ha pasado a ser una consecuencia de saber escuchar, detectar necesidades y darles solución con valor diferencial, pero para muchas personas es más fácil seguir pensando que se trata de colocar productos a clientes, los necesiten o no. Eso es lo que nos enseñaron. Además, invertimos tiempo y dinero en adquirir las habilidades para hacerlo bien: técnicas de cierre, negociación, etc. Sin embargo, ahora resulta que no, que esto no va de vender nada, sino de escuchar y despertar necesidades. Tenemos que desaprender lo que tanto nos costó aprender, salir de lo conocido y entrar en un terreno movedizo. Y eso da miedo.

El fantasma de la transformación digital viene asociado para muchas personas con un miedo concreto: "Me voy a quedar sin trabajo". O bien: "Tendré que cerrar mi empresa". Pero lo que trae riesgos también trae oportunidades. Lo digital no viene a quitarnos el trabajo, sino el trabajo mecánico, el duro y aburrido. Como empresarios y profesionales nos puede proporcionar grandes beneficios: automatizar procesos, mejorar la eficiencia y eficacia comercial, vender a través de Internet, obtener visibilidad y credibilidad (*social selling*) utilizando las redes sociales (Linkedin+Twitter B2B e Instagram+Facebook B2C) y un largo etcétera.

Por último, el "fantasma de la actitud" nos está trayendo un cambio que a la larga será bueno para todos: pasar de trabajar solo por dinero a trabajar básicamente por pasión. Su "amenaza" es que si no sentimos pasión por lo que hacemos, lo tendremos muy difícil para ser competitivos.

> Solo trabajando con o por pasión conseguiremos una buena actitud.

En consecuencia, tenemos que trabajar las habilidades y competencias necesarias para tener una buena actitud. Esto implica: a) Identificar tu talento innato (o talentos) y focalizarte en él; b) Hacer lo que te gusta. Por norma general, el talento coincide con lo que te gusta hacer. Si haces lo que se te da bien, seguramente lo harás con pasión y el resultado es la excelencia; c) Gestionar los sapos, o sea, lo negativo, lo que no te gusta. El mundo pocas veces es perfecto, así que cada día tendrás que dedicar un rato a gestionar lo que no te gusta. La consecuencia de trabajar en lo que te gusta (talento innato), es que le pones pasión (con/por pasión) y sin cosas negativas (sapos), tendrás una excelente actitud. No hace falta comer sapos.

Talento + Pasión — Sapos = Actitud Positiva

En definitiva, el cambio es una constante, no es algo temporal. Cuanto antes te des cuenta de que tienes que adaptarte a este cambio, de que tienes que compaginar tu día a día con cambiar, antes conseguirás que los fantasmas desaparezcan de tu vida. Hasta que no te enfrentes a ellos no se irán. No tienes escapatoria: o lo haces o lo haces. Y cuanto antes mejor. Es mucho peor descubrir, al cabo del tiempo, que las cosas podían haber sido de otra manera si las hubieras afrontado antes. Una retirada a tiempo es una victoria.

IDEAS EN ACCIÓN PARA AFRONTAR MIEDOS:

- Uno no puede huir de las cosas: tarde o temprano te atrapan.
- Tienes que enfrentarte a tus fantasmas y plantarles cara.
- Solo trabajando con o por pasión conseguiremos una buena actitud.
- Talento + Pasión — Sapos = Actitud Positiva (Actitud Positiva = Excelencia)

TRABAJANDO LA ACTITUD: CLAVE 13

Cada vez que decimos; «No sé», nos cerramos la puerta de nuestra propia fuente de sabiduría, que es infinita.

Louise L. Hay.

Cuando trabajas por pasión te estás duchando, conduciendo, corriendo y estás pensando cómo mejorar. Cuando trabajas por dinero a las 9 te activas y a las 18 te desactivas. Para los que trabajan por pasión, cada día es viernes, pero para el resto...

Desde pequeños nos hablan de la importancia de la actitud. Los miedos se aprovechan de nuestra actitud negativa humanamente comprensible. Aun así, como sabemos focalizar y ejecutar estrategias con un plan diseñado para que no se nos coma la vida, podemos ganar perspectiva también en este caso y apasionarnos con lo que hacemos siempre de manera positiva. En mi casao, aguanté unos años, pero en mayo 2013, después de años de lucha contra lo imposible y de perder a mi mejor amigo (Pere Solé), se me terminaron las fuerzas y se apagó la luz del mundo para mí. Finalmente, me vi obligado a presentar concurso de acreedores, a soltar todo aquello por lo que había luchado tanto. Salvando las distancias (pues también soy padre) fue como si me quitaran a un hijo. En tres días lo perdí todo. Un día el administrador concursal me pidió las llaves de la oficina; otro día las claves de las cuentas bancarias; y al tercer día las llaves del coche, etc. Sin saber muy bien cómo, me encontré sin trabajo, sin despacho, sin dinero, sin coche... Por las mañanas sonaba el despertador y no tenía adonde ir. Con todo, lo peor fue que me vi apartado del sector donde había desarrollado toda mi vida profesional.

En este país, cuando uno cierra una empresa es juzgado y declarado culpable sin ni siquiera preguntar. De la noche a la mañana pasas de ser un ejemplo como emprendedor y empresario, alguien incluso admirado, a un ser despreciable y despreciado. Los que antes siempre querían comer contigo ni siquiera te cogen el teléfono. Horrible. Lo que más me afectó fue que las personas con las que contaba (de mi ámbito personal y profesional), las que pensaba que me ayudarían incondicionalmente, buscaron excusas para desaparecer. Escuché frases como "eso lo has creado tú, así que soluciónalo tú". Por contra, me ayudaron muchas personas de las que nunca lo hubiera esperado. Siempre les estaré agradecido.

Así que allí estaba yo, con 43 años y sin oficio ni beneficio, hundido, apagado. Todo a mi alrededor se volvió negro. El teléfono solo sonaba para temas desagradables y mis amigos empezaron a dejarme de lado. Nadie quería a una persona gris a su lado. Sin embargo, una mañana sonó el teléfono y un amigo me dijo: "Vente a mi empresa que viene un chico a dar una conferencia, un tal Víctor Küppers, y te gustará". Y no solo me gustó, sino que me iluminó. Cuando escuché a Víctor se volvió a encender la luz del mundo, lo entendí todo de golpe. Víctor tiene una buena teoría:

> **Las personas somos bombillas con patas.**

Unos vamos a 3000 vatios por la vida y otros vamos fundidos. ¡Eso era lo que me pasaba! Iba fundido y en consecuencia atraía a los fundidos.

No me lo pensé dos veces: al salir de la conferencia fui a una ferretería y compré la bombilla más potente que había. Y a partir de ahí empecé a repeler a los fundidos y atraer a los iluminados. En la actualidad, no permito que nadie me amargue el día. Para que alguien lo consiga tiene que ser un profesional del cabreo, alguien que haya hecho la carrera "Cómo cabrear a Andoni". Y aun así le costará lo suyo.

> **No podemos hacer nada con lo que nos pasa cada día, pero depende única y exclusivamente de nosotros cómo lo afrontamos (qué vs. cómo).**

En esencia, lo que aprendí es que no puedes cambiar una situación desde el estado de ánimo que te ha llevado a ella. Sé que no es fácil cambiar el chip cuando estás en medio de una tormenta o de un superbajón, pero al final es algo que depende de uno mismo. Muchas cosas pueden minar nuestra actitud cada día, pero solo si dejamos que lo hagan. Y ten muy claro que eso depende solo de ti. Lo he vivido, por eso puedo decírtelo sin ningún rubor ni complejo.

> **Si trabajas por o con pasión, tu actitud diaria ante las cosas será siempre positiva.**

A lo largo del día tropezarás con gente que intentará amargarte el día. Por ejemplo, llegarás a la oficina, soltarás un "buenos días" efusivo y te responderán: "Buenos días serán para ti". Mantener una buena actitud no es fácil, pero hay una cosa segura: si la trabajas tendrás mejores resultados que si no lo haces. Como todo en la vida, requiere su técnica.

En cualquier organización hay tres tipos de personas: a) Los *motivators*. Son los iluminados, los que se apuntan a todo; b) Los *amargators*. Son los fundidos, los que viven anclados en la queja constante y nunca, nunca, hacen una aportación de mejora. Los llamo los "uff", estos tienen un problema para cada solución; y c) Los *vegetators*. Son los de ni fu ni fa. Están ahí, pero si no estuvieran nadie los echaría de menos ni de más. Cuando un *amargator* desaparece, automáticamente un *vegetator* ocupa su lugar. En las organizaciones suele haber un 18% de *motivators*, un 22% de *amargators* y un 60% de *vege-tators*.

Una vez identificado mi problema, pasé de ir fundido a iluminado. Lo que tenía que hacer era dar prioridad a mi pasión y la actitud vendría sola. La pregunta del millón era: "¿Qué me gustaría hacer, con independencia del dinero que gane?". Esa era la clave. No tardé en encontrar la respuesta. Siempre me había encantado la formación, era un mundo que me apasionaba. Así que me remangué la camisa, puse foco y empecé a trabajar en esa posibilidad. Me enfrentaba a un mundo completamente desconocido para mí, pero con total pasión trabajaba 15 horas diarias. Me pasé un verano entero investigando, analizando y viendo qué huecos de mercado quedaban libres. O sea, qué necesitaba el mercado, qué productos podían cubrir esta necesidad y qué podía aportar yo aprovechando todo lo que había aprendido en mi cruzada empresarial. Me estaba duchando y pensaba cómo mejorar. Iba en el coche y pensaba cómo mejorar. Desde la pasión todo es infinitamente más fácil.

Tenía dudas, por supuesto. Para reafirmarme en mi elección, hice una lista de todas las habilidades (talentos incluidos) que necesitaba para desarrollar bien mi nueva profesión: comunicar, hablar en público, ser asertivo... Y compartí mi proyecto y la lista con algunos amigos que me conocían bien, profesionalmente hablando. Les pedí opinión sobre mi proyecto y que me valoraran en dichas habilidades para ver si lo que yo pensaba sobre mis competencias coincidía con lo que pensaba mi entorno. Mi sorpresa fue que no hubo nadie, nadie, que me dijera: "Andoni, adelante, lo harás muy bien". Todos me dijeron cosas como "estás loco", "no tienes ni idea de eso de la formación", "te vas a estrellar", etc. Los latinos somos así: cogemos los sueños de los demás y los pisamos, los machacamos. Es curioso, pero esas mismas personas que me querían hacer desistir hoy me dicen: "Andoni, qué suerte has tenido". Cuando escucho esto me dan ganas de abrir la agenda y enseñarles todo lo que he llegado a trabajar para conseguirlo: los madrugones, los viajes, los agostos y fines de semana trabajando... Los resultados son frutos de un 10% de inspiración y un 90% de transpiración.

La suerte no existe.

Eso que llaman suerte es cuando algo bueno pasa por tu vida y estás preparado para cogerlo. Hay que entrenar cada día y estar ahí. Porque, como dice el gran golfista Gary

Player: "Cuanto más entreno, más suerte tengo", y la suerte por el sofá de casa no pasa.

IDEAS EN ACCIÓN PARA TRABAJAR LA ACTITUD:

- Las personas somos bombillas con patas.
- No podemos hacer nada con lo que nos pasa cada día, pero depende única y exclusivamente de nosotros cómo lo afrontamos.
- Si trabajas por o con pasión, tu actitud diaria ante las cosas será siempre positiva.
- La suerte no existe.

DIGITALÍZATE TÚ Y A TUS CLIENTES: CLAVE 14

La transformación digital no conoce fronteras ni sectores.
Javier Pérez Caro.

Cuando se habla de digitalización pasan dos cosas. La primera es que tú seas digital, que interactúes con Linkedin y otros para transformar el "no me conoces no me compras" (potenciales) en "me conoces pero no me compras" (lead), que hagas reuniones por vídeo conferencia para optimizar tu tiempo, que entregues tarjeta de visita digital, que utilices Linkedin y Google para conocer las necesides de tus clientes potenciales, etc. Un concepto que podría resumirse con la oposición gastar suela versus gastar megas. Pero luego hay otro gran factor que es que hay que entender que tú tienes que digitalizar a tus clientes, darles herramientas digitales (Plataforma B2B, App, PWA…) para conseguir fidelización, recurrencia de venta y *up/cross selling*.

Por poneros un ejemplo real: ahora en Linkedin solo el diez por ciento de los usuarios son digitales (entre el 5% y y 15% dependiendo del sector). ¿Eso qué significa? Pues que yo puedo hacer una búsqueda de Linkedin Sales Navigator de 50.000 personas y solo 5.000 han interactuado en Linkedin los últimos treinta días.

Ahora mismo tú puedes ser muy digital pero si yo tengo 40.000 contactos en Linkedin con su perfil creado hace tres años y no han interactuado con él, no me sirve de nada. Alguien digital es quien está en Linkedin e interactúa en Linkedin, publica cosas, recomienda, etc. Si cada mes hay movimiento, Linkedin lo considera digital. Alguien digital es quien se informa a través de Internet independientemente de cómo compre; alguien digital es quien compra o repone a través de una plataforma B2B, APP, etc.; alguien digital es quien interactúa digitalmente.

> **Algo que también debemos aprender es que tú tienes que digitalizar a tus clientes y ayudarles en este proceso, justamente para darles poder y fidelizarlos aún más.**
> **Si tú no los digitalizas, tu competencia lo hará por ti.**

En consecuencia, fidelizas al cliente echándole una mano en el camino. Todo consiste en hacer una tarea de evangelización, de pedagogía. Por poner un ejemplo cristalino: los bancos se plantean como objetivo mejorar su rentabilidad eliminando parte del trato persona a persona. Pero a su vez no quieren perder clientes. ¿Entonces qué hacen? Digitalizan a los clientes para poder interactuar con ellos digitalmente a través de su web y app. McDonalds quiere mejorar su rentabilidad. Para ello pone pantallas gigantes donde tú puedes hacer tu pedido y cuando ya ha digitalizado a sus clientes, los ha educado, puede optimizar su infraestructura.

> Hay que poner tecnología digitalizada al alcance de los clientes y ayudarles a que la utilicen. Porque si yo implanto una tecnología y el cliente no sabe utilizarla produzco un rechazo. No se trata de crear una plataforma de compra B2B o una APP, se trata de que los clientes sientan sus beneficios al utilizarlas.

En septiembre de 2013 estaba más que iluminado: arranca la tercera etapa de mi vida del "fracaso a la felicidad (2013 a actualidad)". Venimos de la clave de la actitud. Tenía claro que mi talento estaba en la comunicación y la venta. Mi actitud, una vez cerrada mi empresa, me da la energía pero todavía no he creado nada nuevo. Mi experiencia y formación me permiten crear un producto especial y completamente diferenciador. Después de pasarme el verano leyendo y documentándome, reafirmo que todo profesional y organización empresarial debe conseguir los tres grandes retos: conseguir una buena actitud, construir valor diferencial y asumir la transformación digital (en ambas direcciones) en el menor tiempo posible. En todas las claves anteriores hemos visto como la digitalización puede mejorar mucho los procesos y resultados comerciales. Y cómo podemos ganar eficiencia utilizando y sacando el máximo provecho a un CRM. Para mí la eficiencia que tiene un CRM es la digitalización. Y cómo podemos ser más eficaces convirtiendo nuestros clientes potenciales en *leads* (contacto, me conoce pero no me compra) utilizando las redes sociales.

Y entonces me planteo lo siguiente: eso es lo que voy a hacer para conseguir clientes, pero una vez sean mis clientes, ¿qué voy a hacer yo para garantizar su recurrencia? Yo, que no tengo estructura, que estoy solo, que mi máxima es trabajar solo y no quiero trabajadores, una vez los consiga, con un día tiene ocho horas laborales, ¿cómo les voy a dar el máximo valor sin tener estructura?, porque me negaba a volver a contratar a nadie. Sin darme cuenta tenía la respuesta delante de mí, en los bancos, en concreto en el BBVA. Observé cómo se dejaban la piel para digitalizar a sus clientes y cuanto más digitales fueran, más valor les darían a los clientes para cosas como una transferencia o una consulta de saldo. Es más fácil dar valor a través de una app o de una web que a través del trato personal que contribuye a la pérdida de tiempo por ambas partes. Se trataba de conseguir liberar tiempo. Todo el tiempo que pudiera traspasar a las máquinas es tiempo que podría utilizar para hacer las cosas de alto valor que nunca podrá hacer una máquina, como formación, asesoramiento, etc.

> **La digitalización va de utilizar al máximo la tecnología para ser más eficientes y eficaces.**
> **Pero también va de educar a nuestros clientes para que se digitalicen.**

Por eso yo solo pido contacto en Linkedin a los clientes digitales. De esos 50.000 no le pido contacto a los 50.000, sino solo a los 5.000 que están digitalizados (solo desde Linkedin sales Navigator tenemos esta información). Porque son los que me entenderán, los que hablan mi mismo lenguaje. Las empresas tienen que entender cuál es el grado de digitalización de sus clientes. Porque independientemente de que tú seas digital, tienes que evangelizar a tus clientes y les tienes que ayudar. Tienes que decirles "descárgate la app para hacer la transferencia"; u "oye, en vez de llamarme para hacerme un pedido, entra en mi página web (Plataforma B2B) y hazlo desde allí". A partir del grado de digitalización de tus clientes, existen tres tipos de clientes muy bien definidos:

1. Los dinos (dinosaurios): no está en redes sociales, compra y repone todo a través de teléfono. Utiliza el método tradicional y antiguo de compraventa y le da mucha importancia a las relaciones personales. No responde a tus mails ni a tus apps (PWA). Le da mucha pereza digitalizarse por el esfuerzo que eso implica. Un cliente pasivo que debería ser reactivo, digitalizado.

2. Los anadigi: está en redes sociales (Linkedin u otras) pero no es activo. Compra o repone a través del teléfono o del mail y se informa vía web u otros. No responde a tus emailings ni a tus apps (PWA), pero los lee.

3. Los matrix: es el digital cien por cien. Para un banco un cliente digital es un matrix, una persona que no pisa la oficina o, si lo hace, es cada tres meses para algo de máximo valor que solo una persona especializada puede hacer. Alguien que está dado de alta en redes sociales y no solo eso, sino que está activo: compra o repone a través de plataformas digitales y si no compra se informa a través de ellas. Entra en el B2B, una plataforma de compra, y te compra o te repone directamente. Responde a tus mails, a tus apps (PWA), a tus extensiones de Chrome trabajando directamente desde la web, controla el whatsapp business y los grupos de difusión, y absorbe contenidos de valor. A mí me interesa atraer el mayor número de matrix, porque cuanto más matrix

sea, menos suela gasto y más megas gasto. Pero eso hay que saber buscarlo y educarlo para liberar tiempo, conseguir fidelización, recurrencia (*up/cross selling*) y para que luego todo fluya. Es un aprendizaje y, en consecuencia, un cambio de paradigma. Para entrar en el nuevo paradigma tienes que abandonar hábitos antiguos y aprender cosas nuevas.

Un objetivo de los profesionales y organizaciones debe ser convertir a sus clientes de Anadigi a Matrix para poder interactuar con ellos digitalmente, enviando propuestas, ofertas y facilitando la recurrencia de la compra. Cuantos más clientes Matrix tengamos, más tiempo tendremos para invertir en más clientes, para sorprenderles y especializarnos. Siempre que pienso en esto me viene a la cabeza un cliente industrial al que propuse un trabajo consistente en montar una plataforma de compras entre empresas (B2B) para que sus clientes no tuvieran que llamar para hacer pedidos y pudieran entrar en su B2B viendo stock, plazos de entrega, precios, etc. Su respuesta fue: "Mis clientes tienen las uñas negras. Ellos quieren llamar". Nunca caigas en esta trampa, muchos clientes quieren hacer los pedidos en el momento en que ellos quieran independientemente de tu horario y comparar condiciones sin prisas. Si tú no les facilitas una plataforma B2B tu competencia lo hará. Nosotros no sabemos cuándo nuestros clientes dejarán de imprimir el billete de avión, pero lo que sí sabemos es que lo dejarán de hacer y cuando lo hagan tenemos que estar preparados.Las personas tenemos tiempo limitado, ocho horas laborales al día, y por lo tanto podemos dedicarnos a crecer de varias maneras: teniendo más gente y más recursos o digitalizando los procesos para tener más tiempo para conseguir más clientes, fidelización y recurrencia.

IDEAS EN ACCIÓN PARA DIGITALIZARTE TÚ Y A TUS CLIENTES:

- Tenemos que educar y mostrar a nuestros clientes las ventajas de interactuar digitalmente.
- A más digitalización, más recurrencia y fidelización.
- No puedo poner tecnología digitalizada si antes no tengo un cliente enseñado y educado para que acepte la propuesta y no la rechace.
- La digitalización va de utilizar al máximo la tecnología para ser más eficientes y eficaces. Pero también va de educar a nuestros clientes para que se digitalicen.

OFRECIENDO VALOR Y APOSTANDO POR UN MÉTODO: CLAVE 15

> *Lo que le da su valor a una taza de barro es el espacio vacío que hay entre sus paredes.*
>
> **Lao-Tsé.**

Todo importa. Todo es significativo. Para diferenciarnos de los demás tenemos que tener muy claros los tres factores del éxito comercial: la marca digital, el producto (con el servicio integrado) y el proceso comercial. Un triunvirato básico. Este es uno de los factores clave del éxito comercial. Mercadona, por ejemplo, ha generado valor en la marca, en el producto y en el proceso. En cambio, otros supermercados, solo se focalizan en cosas concretas, por ejemplo, producto fresco, servicio a domicilio,etc. Y todo lo demás no importa. Algunos supermercados están en ese proceso de digitalización, como los bancos. Quieren que los clientes tengan su app con los descuentos y todas las ofertas. Pero no hay señal de telefonía móvil dentro de alguno de ellos y, en consecuencia, el cliente no puede abrir la app ni descargar los cupones para pagar. ¡Viva la paradoja! Cuidado con las incoherencias y con dar un paso adelante y tres atrás.

Como ya estamos casi al final de nuestro camino, llevamos una mochila llena de aprendizajes y estrategias. Con los miedos en su sitio, la actitud positiva, trabajando en equipo una vez hemos identificado talentos y habilidades y nos hemos transformado en un vendedor que gasta megas y no suelas, ofreceremos valor a lo que hacemos, entendiendo que la suerte no existe y todo depende de cómo juguemos nuestras cartas.

> **Tenemos que generar valor añadido en TODO lo que hagamos para que el resultado global sea el valor diferencial.**

Lo que te hace vender no es solo el valor añadido de tu marca, de tu producto/servicio o de tu proceso comercial. Aunque los clientes valorarán más de ti una cosa u otra, si el resto no fuera bueno no te comprarían. Es difícil saber qué valorará un cliente, por lo que tenemos que dárselo todo: marca, producto/servicio y proceso comercial, ponerlo en valor y que cada cliente coja lo que quiera.

En septiembre de 2013, después de dos meses de trabajo duro identificando necesidades de mercado, lancé mi primer producto formativo: "Cómo captar, optimizar y fidelizar clientes en la era digital"; en formato masterclass, formación o programa, presencial u online. Analicé paso a paso, situación a situación todo lo que me había ayudado a tener éxito comercial durante dos décadas y con cada experiencia cree un método que aplicado correctamente garantizara el éxito comercial B2B de quien lo aplicara (yo incluido).

Para garantizar un alto valor en todo el proceso comercial trabajé sobre una metodología específica que posteriormente llame ARDG Método, consistente en desmembrar los diferentes elementos sobre los que hay que generar valor añadido y diferenciación para que el valor percibido sea diferencial. Concebí, en base a esta metodología, lo que llamo "la fórmula del éxito comercial":

$$EC= (MDxVA+PxVA+PCxVA)xVD$$

O sea, el éxito comercial (EC) es el resultado de sumar tres elementos: 1. Marca digital (MD) multiplicada por valor añadido (VA); 2. Producto (P) multiplicado por el valor añadido (VA) y 3. proceso comercial (PC) multiplicado por el valor añadido (VA) Y multiplicar el resultado de esto por el valor diferencial (VD).

En primer lugar tenemos la marca digital (MD), que es la suma de tu marca personal, lo que tú dices que sabes hacer y la reputación digital que es lo que los demás dicen que sabes hacer. MD es lo que sabes hacer, no lo que haces. Recordad siempre que todo es importante, sobre todo el valor diferencial. Hay cosas que suman o restan. La clave está en que todo sume.

> **Tu marca no cambia, evoluciona; lo que sí cambian son tus circunstancias.**

Es importante conectar bien la marca digital con tu puesto de trabajo para darle más valor. Para hacerlo es crucial construir el *elevator pitch* y grabarlo a fuego en tu mente, de manera que cada vez que alguien te pregunte "¿tú qué haces?" lo sueltes sin pensar. Te pongo a continuación mi *elevator pitch* para que veas la estructura general (luego lo puedes dimensionar como te vaya mejor):

- Nombre: Me llamo Andoni Rodríguez de Galarza.
- Cargo: Soy consultor, formador y conferenciante de alto impacto.
- Empresa: En mi caso no es relevante.
- Qué hago (marca): Especialista en mejorar las ventas y la eficacia comercial de las organizaciones, mejorando su planificación y estrategia comercial.
- Para qué: Para captar, optimizar y fidelizar clientes B2B en la era digital.
- Por qué (qué necesidad cubro): Porque estamos en un contexto en el que se han producido tres grandes cambios a los cuales todos debemos adaptarnos: la transformación digital, la importancia del valor diferencial vs. el añadido y que somos la última generación que trabaja por dinero.
- Cómo (producto): Imparto conferencias, masterclass, formación, programas formativos y cursos on line.

$$EC = (MD \times VA + P \times VA + PC \times VA) \times VD$$

En segundo lugar, tenemos la generación de valor en el producto (P).

> Los servicios hay que transformarlos o incorporarlos en el producto para ponerlos en valor.

Cuando tú tengas un producto, el servicio tienes que incluirlo dentro de la cadena de valor. Crear valor sobre un producto es infinitamente más fácil que sobre un servicio. Todo lo que se da por hecho hay que ponerlo en valor. Transformas algo intangible en algo tangible. Si comercializas un producto de alto valor, por ejemplo, sanitarios de alta gama, y ofreces un buen servicio al cliente en la atención, el plazo de entrega, el tiempo de respuesta, etc., debes fusionar el valor del producto con el valor del servicio. La cadena de valor del producto lo debe incorporar todo, pues a mayor valor añadido, mayor diferenciación. He aquí algunos elementos que pueden aportar valor en este caso concreto:

- Reunión previa con el cliente para entender sus necesidades en un plazo de 48 horas desde petición. (Servicio).
- Propuesta en un plazo de tres días. (Servicio).
- Atención telefónica 24 horas al día. (Servicio).
- Seguimiento del pedido online, plataforma B2B. (Servicio).
- Sanitarios de porcelana. (Producto).
- Cisternas independientes. (Producto).
- Altura regulable. (Producto).
- Entrega en dos semanas desde la aceptación del pedido. (Servicio).
- Garantía de dos años. (Servicio).
- Reclamaciones y reposiciones online, plataforma B2B. (Servicio).

> **Todo el valor añadido hay que llevarlo a valor diferencial.**

Tal y como veíamos en la magdalena transformada en *cupcake*. En este caso, en lugar de llamar sanitario al producto se le puede llamar, por ejemplo, Producto Sanitario TOP en Dos Semanas. Es una forma de evidenciar el valor diferencial.

$$EC= (MDxVA+PxVA+PCxVA)xVD$$

El tercer aspecto a tener en cuenta, para mí el más importante, es que el proceso comercial sea acorde al producto o servicio. Muchos profesionales con un producto de alto valor utilizan un proceso comercial de bajo valor, lo cual es una pena. Los procesos comerciales de alto valor deber tener siempre cinco partes. La primera es la preparación, planificación e identificación; la segunda la atracción (*social selling*), la tercera la conversión, la cuarta la captación o venta y la quinta fidelización y *up/cross selling*. El proceso es mixto, digital y presencial. Es lógico: si los clientes son cada vez más digitales, tú también debes serlo.

LAS CINCO PARTES DEL PROCESO COMERCIAL

1. Preparación
2. Atracción
3. Conversión

4. Captación
5. Fidelización, *up/cross selling*

ANDONI RODRÍGUEZ DE GALARZA
1ª parte: TRABAJO DE PREPARACIÓN.

- Consiste en establecer sub-objetivos a partir de los objetivos de facturación o venta que nos hemos o nos han marcado. Por ejemplo, identificar cuántos clientes necesito teniendo en cuenta el ticket medio,o sea, cuánto nos compra cada cliente de media.Con el número de clientes gestionados y de ventas realizadas debes establecer cuál es tu ratio de conversión. Depende de cada sector es diferente, pero normalmente ronda el 10%. Para conseguir 5 clientes necesito una base de datos de 50, por lo que debo identificar a 50 clientes potenciales. A esto le llamo la pecera: si quiero pescar 5 peces, debo hacerlo en un sitio donde hayan 50, ya que no soy el único pescador.

- En esta primera parte también hay que identificar los clientes potenciales (utilizamos Linkedin Sales Navigator) que invierten/gastan mucho, los que me necesitan y no lo saben, los que son recurrentes y, sobre todo, los que pertenecen a sectores emergentes dependiendo del ciclo económico en que nos encontremos. Dale más importancia a los clientes potenciales que necesitan tu producto/servicio pero no lo saben (océano azul). Si eres capaz de hacerles ver lo que tu producto o servicio les puede aportar, de despertarles su necesidad, te comprarán por valor diferencial, no por precio. Los que lo necesitan y lo saben (océano rojo) solo te comprarán por precio. Por descontado, a los que no te necesitan olvídalos.

- Después de identificar a los 50 clientes potenciales que necesitas hay que conectarlos digitalmente, tienes que llevarlos a tu entorno digital y conectar con ellos. Mantenerlos en un CRM o en un Excel no sirve para nada. Hay que pedirles contacto en Linkedin, seguir a sus empresas y meterse en los grupos de los que forman parte. Y conseguir su dirección de correo siempre que sea posible (una buen herramienta para conseguirlo puede ser FindthatLead, MeetFelix o formulario web), para hacerles partícipes de tus *newsletters*.

- También tienes que clasificar. Para eso sí sirve el CRM. Algunos profesionales son reacios a su utilización, pero creo (estoy seguro) que es imposible ser eficiente sin usarlo. Es importante tener en cuenta que no es un instrumento de control, sino de gestión. Dentro de poco la totalidad de CRMs del mercado estarán conectados con Linkedin y entonces serán todavía más imprescindibles. Tus clientes verán tu actividad digital directamente en su CRM. Algunos CRMs de nueva generación como Zoho ya lo tienen implantado.

Los debemos clasificar según las siguientes categorías:

a) Precio o valor. Nuestros interlocutores siempre son de precio o de valor, perdemos mucho tiempo hablando de valor a personas de precio o hablando de precio a personas de valor. A los de precio solo les interesa el precio, el descuento, etc. Y a los interlocutores de valor les interesa el retorno, la eficacia, etc. Dan por hecho que están comprando al mejor precio. El precio para ellos es un simple *commodity*.

b) Emocional o racional. Esta clasificación siempre la pasamos por alto. Profesionalmente siempre somos emocionales o racionales. Tener claro cómo es tu interlocutor te ahorrará muchísimo trabajo. A veces nos empeñamos en ofrecer ventajas o argumentos totalmente racionales y es mucho más eficaz apelar a la emoción de nuestro interlocutor. O al revés. Por eso es importante ver qué rasgo de carác-ter define mejor al *lead*.

c) Segmento. Siempre hay que ubicar a los posibles clientes y los clientes en un segmento de mercado determinado. Lo que define el segmento es una necesidad común, un área geográfica común, etc. (Lo hemos visto en la clave 3)

d) Estado comercial. Puede ser new *business/potencial/prospect*, contacto/*lead* o cliente. Dependiendo del estado ejecutaremos una acción comercial u otra.

• Una vez hecha la clasificación, debo calendarizar las acciones comerciales de cada semana o mes. El plan de acción lo hacemos siempre sobre *new business*/potenciales, que es la máquina del tren. Los demás vagones van detrás. Siempre hay que "traccionar" desde delante. Cuando calendarices no olvides establecer un equipo de trabajo específico para cada acción utilizando la técnica ID+H.

2ª parte: TRABAJO COMERCIAL INTERNO (ATRACCIÓN, SOCIAL SELLING), GASTANDO MEGAS.

- El trabajo comercial interno hay que hacerlo sobre los clientes potenciales o *new business* (los que no te conocen ni te compran). Consiste en un trabajo de atracción y lo haremos utilizando herramientas digitales (Linkedin post o artículos), a poder ser sin levantar el culo de la silla. Se trata de conseguir que los que no nos conocen lo hagan, es decir, convertir a los potenciales en leads/contactos.

Las acciones de atracción (*social selling*) tienen dos partes:

a) Visibilidad. Hacerte visible en el mercado, comunicar los beneficios de tu producto/servicio sin mencionarlo. En mi caso, por ejemplo, comunico los beneficios de formarte y lo importante que es para las organizaciones tener un equipo formado y estar preparado para lo que viene, busca tu eje de comunicación y crea, comparte o recomienda en Linkedin todo lo que tenga que ver con el mismo, una vez cada dos semanas es lo recomendable.

b) Credibilidad. Hacerte creíble. Por mucha visibilidad que consigas, si no creen en ti no avanzarás. Normalmente tienes que conseguir que dejen de comprar a otro para que te compren a ti, y para eso tienes que dar mucha confianza: hablar de lo que estás haciendo, mostrar que otros confían en ti o que en mercados más avanzados los clientes ya compran lo que tú ofreces, etc. Si por un tema de confidencialidad no quieres dar nombres de tus clientes, menciona sectores. El objetivo es conseguir que confíen en ti. Si otros confían en mí, tú también puedes hacerlo, una vez cada dos semanas es lo recomendable.

- Las principales acciones que debes hacer previamente para conseguir visibilidad y credibilidad (*social selling*) son:

1. Trabajar la marca digital en Linkedin (SSI): lo que da credibilidad es lo que sabes hacer, lo que haces, para quién lo haces y como lo haces (recomendaciones). Si quiero ver las cuatro cosas me iré a buscarlo a tu perfil de Linkedin. Si no te encuentro te buscare en Google y quizás no te gusta lo que encuentro.

2. Aumentar tu audiencia en Linkedin: hay que tener muchos contactos, seguir a muchas empresas y pertenecer a muchos grupos. Cuanta más audiencia tengamos, a más personas llegaran nuestros mensajes de visibilidad y credibilidad (social selling).

3. Crear lo que llamo un repositorio de contenidos, es decir, un sitio donde pongas tus contenidos: blog profesional

(web) o artículos de Linkedin. Yo prefiero el blog profesional o web debido a que puedo pedir el mail cuando accedan a mis contenidos.

Si pones contenidos que no son tuyos, asegúrate de poner la fuente:

a) Definir bien el eje de comunicación para hacerte visible. En mi caso, siempre hablo de los beneficios de la formación y de la importancia de adaptarse al contexto actual. Con la herramienta Netvibes puedes identificar estos contenidos muy fácilmente.

b) Difunde los contenidos. No confundas colgar con difundir. Poner contenidos en tu blog no hace que automáticamente la gente los lea, los cuelgas en tu blog y los difundes desde Linkedin.

c) Contesta y agradece todos los comentarios y recomendaciones que te hagan.

3ª parte: TRABAJO COMERCIAL INTERNO (CONVERSIÓN, EMAIL MARKETING), GASTANDO MEGAS.

- Al finalizar la fase de visibilidad y credibilidad debes haber conseguido dos cosas:

1. Que el máximo número de clientes potenciales te conozcan y estén interesados en lo que ofrezcas para que interactúen en la siguiente fase, emailing, si la visibilidad y credibilidad no está bien hecha, la tasa de apertura del emailing será muy baja.

2. El máximo número de mails a través de formularios de suscripción de tu web y conexión previa.

- Las acciones de conversión tienen dos partes:

a) Enviamos un emailing cada 2 o 4 semanas, siempre el mismo día (por ejemplo, el primer martes de mes) a toda la base de datos sin ningún tipo de segmentación, y en el emailing ponemos:

a. Contenido de valor (los artículos publicados en RRSS).
b. Algun estudio relevante del sector.
c. *Call to action* (CTA), alguna sugerencia para saber más de ellos, por ejemplo, ¿quieres saber cómo está tu empresa vs. tu sector? . Si quieres ver un ejemplo en mi web tengo "estás preparado para lo que viene". Aquí te deben dejar su mail.

b) Análisis. Todos los mails que recibamos del *call to action* son lo que consideramos *leads* y sobre los que haremos la acción comercial externa.

Debes reclasificarlos en tu CRM y pasarlos de potencial a lead/contactos. Recordemos que lead/contacto es quien ha leído tus *newsletters*, los que han interactuado contigo en Linkedin y los que han respondido a tu CTA (*call to action*).

4ª parte: TRABAJO COMERCIAL EXTERNO (OFF/PUSH), GASTANDO SUELA.

- Sobre todos los contactos/leads que ya has conseguido (los que te conocen y no te compran), tienes que hacer un trabajo de captación. Primero envía siempre (¡siempre!) un correo, después llámalos y por último hazles una visita comercial (presencial o utilizando salas de reuniones virtuales como Appear, etc.).

En cuanto al correo, no se puede escribir de cualquier manera. Tiene que tener lo que se llama una estructura AIDA[9]: atención, interés, deseo y acción.

a) Atención: "Buenos días, soy X, de la empresa X, especialista en X. Hemos detectado su necesidad de X" (debes dejar claro que sabes lo que necesita). El asunto debe ser lo mismo pero con menos texto.

b) Interés: "Creo que podemos ayudarle a cubrir esta necesidad" (deja claro que puedes ayudarle).

c) Deseo: "Para ello disponemos de un producto con el cual…" (link a presentación o web utiliza el bitly para tener trazabilidad).

d) Acción: "Si le parece bien, podemos vernos el día X a la hora X y le amplío la información. Me pondré en contacto con usted telefónicamente para concretar. Atentamente: X, especialista en X de la empresa X".

---

[9] Técnica: AIDA

Jamás digas: "Podemos vernos el día que le venga bien". Eso da a entender que tienes agenda disponible, y si la tienes disponible es porque no tienes clientes, y si no tienes clientes es porque eres malo. Blanco y en botella...

- Programa el envío del mail a la hora y día más adecuado y envíalo utilizando la herramienta Mailtrack (Google) para saber si lo reciben y/o lo abren.

- En segundo lugar se realiza la llamada telefónica a todos aquellos que han abierto el mail para concretar el día de la reunión que les hemos propuesto. Antes de asistir a la reunión hay que prepararla, buscando en Google y en redes sociales toda la información disponible sobre el contacto. Es muy importante mirar el perfil en Linkedin. Cada vez más los usuarios miran si lo has mirado, miran si eres un comercial del modelo clásico (diesel) o experto (eléctrico). Los preparativos son importantes para aprovechar la oportunidad y no lamentarse luego de lo que podías haber dicho o hecho. En la primera reunión soy más partidario de escuchar que de hablar, pero a veces no hay dos oportunidades para presentar la propuesta. Si nos estamos dirigiendo a una persona que nos necesita pero no lo sabe, la primera parte de la propuesta debe hablar de los beneficios de nuestro producto-servicio, la segunda de la cadena de valor y del valor diferencial, y la última de la parte económica.

- En la reunión tenemos sobre todo que escuchar. Escuchar para interpretar, no para responder. El objetivo es detectar las máximas necesidades para ser capaces de ofrecer soluciones. Te recordarán más por tus preguntas que por tus argumentos. Es bueno romper esquemas y hacer preguntas que no esperan. Y evitar las que hace todo el mundo. Después de cada reunión envía un correo de agradecimiento y adjunta tu tarjeta digital (vcard) para asegurarte de que te guarden en su agenda de Outllok, Google o Apple.

- Tras la presentación de la propuesta toca la negociación. No entraré aquí en cómo hacerla, pues ya hay libros que se dedican específicamente a este tema. Lo que sí te diré es que no entres a negociar hasta que no haya objeciones. Si alguien presenta una objeción es porque quiere lo que le ofreces, objeción igual a deseo (por ejemplo, en una zapatería no te prestan atención real hasta que no planteas una objeción, esto cómo se limpia, para qué vas a preguntar cómo se limpia si no vas a comprar).

- Después de la presentación o venta siempre hay que hacer un seguimiento del cliente. Tenemos que dejar todo el rastro que podamos y hacer todo lo posible para generar el máximo valor diferencial.

5ª parte: TRABAJO COMERCIAL INTERNO (FIDELIZACIÓN, *UP/CROSS SELLING*, GASTANDO MEGAS

- Tenemos que buscar la fidelización y escalabilidad (*up/cross selling*), es decir, que el cliente nos compre más productos como el que nos ha comprado (up) y otros productos de los que vendemos (cross). Para este fin es importante que les hayamos digitalizado, que sean Matrix, solo desde entornos digitales (plataforma B2B, etc.) conseguiremos fidelizarlos, recurrencia y que nos recomienden a sus contactos.

$$EC= (MDxVA+PxVA+PCxVA)xVD$$

IDEAS EN ACCIÓN PARA OFRECER VALOR Y APOSTAR POR UN MÉTODO:

- Tenemos que generar valor añadido en TODO lo que hagamos para que el resultado global sea el valor diferencial.
- Tu marca no cambia, evoluciona; lo que sí cambian son tus circunstancias.
- Los servicios hay que transformarlos en productos.
- Todo el valor añadido hay que llevarlo a valor diferencial.

CONCLUSIONES

El objetivo del ARDG Método es el de conciliar la gestión diaria de clientes con la consecución de clientes nuevos compaginando la metodología tradicional de mail, llamada, visita, con herramientas digitales que nos ayudan a atraer nuevos clientes, pasando del modelo clásico al modelo experto. ARDG Método es la solución para poder conseguir los objetivos establecidos a medio plazo sin que el día a día sea un impedimento para ello.

Cuanto mejor hayas hecho el trabajo anterior (atracción) en modo digital, el proceso de captación y de gastar suela va a ser más fácil. Es un tema de eficiencia y eficacia comercial. Que me compren o no depende de mí. Tú generas las posibilidades y creas las circunstancias adecuadas para que luego todo vaya más fluido. Tú eres el agente de tu buena suerte. Tú siembras las semillas de la buena suerte.

Hay dos modelos de trabajo. El sistema POD (propuesta-oferta-descuento), el sistema antiguo. En este modelo tú no haces nada de esfuerzo al principio y haces todo el esfuerzo al final. Pero en el desenlace del proceso lo único que te diferencia es el precio. Pero que me compren o no, no depende de mí en este modelo de trabajo, sino del precio. Tu éxito, en este caso, es exógeno y no endógeno. En este sis-tema el vendedor clásico (diesel) se siente cómodo, el ven-dedor de crecepelo, el que cuando no le compran dice que a nadie le interesa lo que él ofrece o busca excusas. El proble-ma no es ese, sino que él no ha sido capaz de generar valor. En el otro extremo está el ARDG Método, la antítesis al POD, el modelo de trabajo que hemos visto a lo largo de este libro. Todo el esfuerzo se realiza al principio, identificando, clasificando, focalizando, entendiendo qué podemos ofrecer, segmentando el mercado en unidades de necesidad homogéneas… Y al final, que nos compren o no, ya no depende del precio sino de nuestro valor. Este es el gran cambio de paradigma: hacer parte del proceso sin levantar el culo de la silla.

HERRAMIENTAS Y TÉCNICAS DE VENTA

HERRAMIENTAS:

- CRM 3ª Generación: Zoho/Hubspot
- Linkedin Sales Navigator
- Localizar mails: Findthatlead, Meet Felix
- Mail track
- Netvibes
- Difundir RSS: Zoho Social
- Emailing: Zoho Campaigns
- Acortar links y seguimiento (bitly)
- Social Selling index (https://www.Linkedin.com/sales/ssi)

TÉCNICAS:

- Insights Discovery®+Holocracia (ID+H)
- Descubre tu talento, El Elemento (Ken Robinson)
- Nunca comas solo (Keith Ferrazzi)
- Una buena actitud, Vivir la vida con sentido (Victor Kúppers)
- Necesidades emocionales, El círculo de oro (Simon Sinek)
- Diferenciación Océano Azul, La estrategia del Océano Azul
- AIDA (atención, interés, deseo y acción)

FRASES DE VENTAS, 50 DE LAS MEJORES

1-"Deja de vender. Empieza a ayudar". (Zig Ziglar).

2-"El marketing se está convirtiendo en una batalla basada más en la información, que en el poder de las ventas". (Philip Kotler).

3-"Si quieres volar como un águila, no te rodees de pavos". (Desiderio Gallego).

4-"La disciplina es la parte más importante del éxito". (Truman Capote).

5-"Trata a las objeciones como peticiones por más información". (Brian Tracy).

6-"Cada venta tiene cinco obstáculos a vencer: La no necesidad, la falta de dinero, la falta de prisa, la carencia de deseo y la desconfianza". (Zig Ziglar).

7-"El precio siempre es un problema, solamente si suenas igual que todo el mundo". (Paul Di Modica).

8-"La motivación casi siempre le gana al mero talento". (Norman Ralph Augustine).

9-"La profesión más antigua del Mundo,…Comercial". (Rafael Machín).

10-"Recuerda que lo más importante respecto a cualquier empresa, es que los resultados no están en el interior de sus paredes. El resultado de un buen negocio es un cliente satisfecho". (Peter Druker).

11-"Tus clientes más insatisfechos son tu mayor fuente de aprendizaje". (Bill Gates).

12-"Si realmente logras impresionarlos, los clientes se lo contaran unos a otros. La palabra que circula de boca en boca es muy poderosa". (Jeff Bezos).

13-"Always be closing". (Alec Baldwin en la película *Glengarry Glen Ross* de David Mamet).

14-"Nunca negocies el precio, negocia el valor que recibirá el cliente". (Mark Hunter).

15- "El cambio es inevitable. El crecimiento es opcional". (John C. Maxwell).

16-"No puedes limitarte a preguntarles a los clientes que es lo que quieren y tratar de procurárselo. En el momento en que lo hayas conseguido, ellos ya querrán algo nuevo". (Steve Jobs).

17-"El talento gana partidos, pero el trabajo en equipo y la inteligencia, ganan campeonatos". (Michael Jordan).

18-"Aprende como si fueras a vivir toda la vida, y vive como si fueras a morir mañana". (Charles Chaplin).

19-"Nuestra mayor debilidad radica en renunciar. La forma más seguro de tener éxito es intentarlo una vez más". (Thomas Edison).

20-"Si tus ventas no están donde quieres, es por tus procesos o tus personas". (Felipe Pérez de Madrid).

21-"Tenemos un plan estratégico, se llama hacer las cosas bien". (Herb Kelleher).

22-"Haz un cliente, no una venta". (Katherine Barchetti).

23-"Las ventas dependen de la actitud del vendedor, no de la actitud del prospecto". (William Clement Stone).

24-"Sobre todo, recuerda divertirte. Eso te mantiene a ti y a tus compañeros entusiasmados y motivados". (Richard Branson).

25-"La responsabilidad de un ejército de un millón de hombres incumbe a uno solo. A aquél que es la fuente de su moral". (Sun Tzu).

26-"Ni aunque te rompas en mil pedazos, tus fragmentos dejarán de actuar igual". Marco Aurelio.

27-"Hazlo o no lo hagas, pero no lo intentes". (Atribuida a Yoda).

28-"Trata a un hombre tal como es y se mantendrá como es. Trata a un hombre como lo que puede y debe ser y se convertirá en lo que pueda y debería ser". (Stephen Covey).

29-"Para tener éxito en ventas, simplemente habla con mucha gente todos los días. Y esto es lo es más emocionante de todo: hay mucha gente". (Jim Rohn).

30-"Los prospectos equivalen a opciones. Conviértete en un maestro de la prospección y serás el dueño de tu destino en ventas". (Tibor Shanto).

31-"Las personas exitosas tienen bibliotecas. El resto tiene televisores con pantalla grande". (Jim Rohn).

32-"Un objetivo es un sueño con una fecha límite". (Tony Robbins).

33-"A la gente no le gusta que le vendan, pero les encanta comprar". (Jeffrey Gitomer).

34-"Hacer preguntas es prueba de que se piensa". (Rabindranath Tagore).

35-"Sé útil. Cuando veas a una persona sin una sonrisa, dale la tuya". (Zig Ziglar).

36-"La gente no compra por razones lógicas. Compran por razones emocionales". (Zig Ziglar).

37-"Para saber lo que la gente realmente piensa, presta atención a lo que hacen, más que a lo que dicen". (René Descartes).

38-Mi filosofía de vida siempre ha sido que las dificultades se desvanecen cuando uno las enfrenta con energía". (Isaac Asimov).

39-"Debes encontrar un hueco en el mercado en el que tus competidores se hayan vuelto perezosos y hayan perdido el contacto con los lectores o espectadores". (Rupert Murdoch).

40-"El optimista ve oportunidad en cada peligro; el pesimista ve peligro en cada oportunidad". (Winston Churchill).

41-"El espíritu de equipo es la habilidad para trabajar juntos en vistas a una meta común. La habilidad para encaminar los logros individuales hacia objetivos corporativos. Es el combustible que permite a la gente común alcanzar objetivos pocos comunes". (Andrew Carnegie).

42-"Hay únicamente un jefe: el cliente. Y este puede despedir a todo el mundo en la empresa, desde el presidente hasta el de más abajo, simplemente gastando su dinero en otra parte". (Sam Walton).

43-"Si Dios nos creó con dos orejas, dos ojos y una sola boca, es porque tenemos que escuchar y ver dos veces antes que hablar – No abras los labios si no estás seguro que lo que vas a decir, es más hermoso el silencio". (Proverbio ára-be).

44-"Si quieres persuadir, tienes que apelar al interés más que al intelecto". (Benjamín Franklin).

45-"Emplea mucho tiempo en hablar con los clientes cara a cara. Te sorprenderá saber cuántas compañías no escuchan a sus clientes". (Ross Perot).

46-"Lo que ayuda a la gente, ayuda a los negocios". (Leo Burnett).

47-"La mejor forma de vender algo: no vendas nada. Gánate la confianza y el respeto de aquellos que podrían comprar". (Rand Fishkin).

48-"Internet ha acabado con la publicidad masiva y ha resucitado una unidad social del pasado: las tribus". (Seth Godin)

49-"Si cuando hablas nadie se molesta, eso es que no has dicho absolutamente nada". (Risto Mejide).

50-"Internet ha convertido lo que solía ser un mensaje controlado y unidireccional en un diálogo en tiempo real con millones de personas". (Danielle Sacks).

EPÍLOGO (Sistema Andoni)

1. TENER CLARO LOS OBJETIVOS PARCIALES (Sub-Objetivos) QUE TIENES QUE CONSEGUIR PARA ALCANZAR EL OBJETIVO GLOBAL Y PON FOCO EN CADA UNO DE ELLOS

2. QUÉ HABILIDADES NECESITAS PARA CONSEGUIR TU PROPIO ÉXITO, CUÁLES QUIERES TRABAJAR Y CUALES NO (Entendemos el Talento como una habilidad)

3. SEPARA LA GESTIÓN DIARIA DEL CRECIMIENTO Y PARA GARANTIZAR SU CONSECUCIÓN TROCEA EL PROCESO COMERCIAL.

4. TRANSFORMA EL VALOR AÑADIDO DE TU PRODUCTO O SERVICIO EN VALOR DIFERENCIAL.

5. CONECTA PRODUCTOS CON CLIENTE PASANDO DEL MODELO DE VENTAS CLASICO (DIESEL) AL EXPERTO (ELÉCTRICO).

6. ESTABLECE UNA ESTRATEGIA POR SEGMENTO. No hay estrategias malas o buenas, sino estrategias equivocadas o acertadas en cada momento.

7. DIVERSIFICA EN TIPOS DE CLIENTES Y CANALES, no en productos.

8. ESTABLECE UN PLAN DE ACCIÓN COMERCIAL, para garantizar el crecimiento independientemente del día a día.

9. LO QUE IMPORTA ES LO QUE SABES HACER, construye una buena marca digital.

10. COMPLEMENTATE, si vas solo llegaras muy rápido, acompañado muy lejos.

11. GANA PERSPECTIVA, para y visualiza lo que está previsto que pase, qué pasará, y estate preparado para ello.

12. NO PUEDES EVITAR ENFRENTARTE A TUS MIEDOS, antes o después tendrás que plantar cara a tus fantasmas.

13. SOLO DESDE UNA BUENA ACTITUD SE CONSTRUYEN COSAS BUENAS, si vas iluminado atraes a los iluminados.

14. SOLO SI DIGITALIZAS A TUS CLIENTES CONSEGUIRAS FIDELIZARLOS, RECURRENCIA Y UP/CROSS SELLING

15. TODO IMPORTA, EL ÉXITO COMERCIAL ES LA CONSECUENCIA DE TRES COSAS, marca digital, producto diferenciador y proceso comercial de alto valor.

AGRADECIMIENTOS

Como habréis visto no he tenido una vida fácil, nada fácil. Mis creencias me llevaron por la senda equivocada, donde he conocido a todo tipo de personas, buenas y malas, y no obstante no guardo rencor a nadie. El perdón es uno de los poderes que nadie nos podrá arrebatar nunca, no se puede vivir con odio.

Estaré siempre agradecido a mis hermanos, Nekane y Jon, por estar, por no juzgar, por aceptar, por quererme y apoyarme sin condiciones.

A mi madre (ama), de la cual he aprendido que el esfuerzo tiene su recompensa y sobre todo he aprendido que la generosidad y el amor no tienen límites.

A mi padre (aita), de él he aprendido que un padre puede llegar a hacer cosas increíbles por sus hijos, desde el silencio y sin esperar nada a cambio.

A mi hijo Eric, por quererme y apoyarme, por leerme, por no juzgarme en base a terceros y sobre todo por su amor incondicional.

A mi hija Andrea, de ella he aprendido que con tenacidad y desde la pasión todo es posible, para ella la vida no tiene límites. Le agradezco su amor incondicional.

A Teresa Talavera, a ella le agradezco que me enseñara a entender que cada uno hace las cosas lo mejor que sabe en cada momento de su vida, y hay que aceptarlo sin juzgarlo ni cuestionarlo, para poder tener la capacidad plena de amar y perdonar a los demás.

A David Escamilla, de él he aprendido que esto no va de éxito, que esto va de felicidad y que a este mundo hemos venido simplemente para ser felices.

A Albert Boada, gracias por acompañarme en uno de los momentos más duros de mi vida y por darlo todo para que pudiera empezar de cero y no en negativo.

A mis amigos incondicionales, mi eterna gratitud simplemente por estar; Javier Quevedo, Ceci, Assis, Oriol, Alatx, Jordi Padros, Pere Solé…

Por haber confiado en mí: Honda, Taver, ISB, Mónica Mendoza, Lohmann, Alpha Publicidad, Vilapack, Brunet, Prisa BS, Lee Hecht Harrison, Acció, Tempack, Valkiria, BBVA, Eurecat, 014, y otros muchos más.

www.ingramcontent.com/pod-product-compliance
Lightning Source LLC
Chambersburg PA
CBHW060844220526
45466CB00003B/1235